Histaminintoleranz Kochbuch

Leckere, gesunde und histaminarme Rezepte für jeden Anlass – inkl. wertvollem Hintergrundwissen, Tipps und Tricks

Wiebke Lehmann

Vorwort

Herzlich willkommen zu diesem Kochbuch! Sie haben eine ausgezeichnete Wahl getroffen, denn hier werden Sie definitiv genug Infos und Tipps zum Thema „Histaminintoleranz" bekommen. Noch dazu finden Sie sehr interessante und natürlich leckere Rezepte für histaminarme Gerichte! Egal, ob zum Frühstück, zum Mittagessen oder abends – Sie werden für jede Tageszeit ein passendes Gericht in diesem Buch finden! Außerdem erfahren Sie alles über die Ursachen einer Histaminintoleranz, ihre Symptome und welche Vitamine oder Medikamente dagegen helfen. Lassen Sie sich überraschen und erfahren Sie alles über die wichtigsten Tipps und Tricks, die man bei so einer Intoleranz anwenden kann.

Zuletzt ist es mir noch wichtig, zu sagen, dass die Rezepte in diesem Buch nicht als strikte Richtlinien zu verstehen sind und dass Sie sich nicht Ihrer Kreativität berauben lassen sollen. Vielmehr sollen die folgenden Rezepte eine Inspiration darstellen. Probieren Sie verschiedene Varianten aus, verfeinern Sie Ihre Speisen und entwickeln Sie so Ihre ganz persönlichen Lieblingsrezepte.

Guten Appetit!

 # INHALT

Hauptgerichte   113

Desserts   189

Einleitung

Menschen mit Histaminintoleranz haben sicherlich kein einfaches Leben. Sie müssen auf viele Lebensmittel verzichten und stets aufpassen, was sie essen. Käse, geräucherter Fisch, Wurst oder Bier können oftmals zu Problemen werden. Man ist gezwungen, auf diese und einige weitere Dinge zu verzichten oder wird einige Stunden oder sogar noch Tage später mit tränenden Augen und Schnupfen überrascht. Auch Schwindel, Müdigkeit und Kopfschmerzen sind keine Seltenheit. Kein schönes Gefühl! Doch natürlich gibt es auch für histaminintolerante Menschen genug Möglichkeiten, trotzdem noch ein breites Spektrum an Gerichten und besonderen Mahlzeiten zur Verfügung zu haben. Auch gibt es zahlreiche Vitamine und Medikamente, die gegen so eine Intoleranz helfen können und somit das Leben etwas erleichtern. Menschen, die durch Sport und passende Ernährung ihr Immunsystem stärken, können es sogar schaffen, diese Intoleranz im Minimum zu halten.

Doch woher weiß man, dass man eine Histaminintoleranz hat? Die Anzeichen könnten ja auch einen anderen Grund haben. Und kann die Intoleranz eigentlich gefährlich für uns werden? Diese und weitere Fragen werden in den folgenden Kapiteln beantwortet.

Viel Spaß beim Lesen und Lernen!

HISTAMIN – WAS IST DAS?

Histamin ist ein Botenstoff, der von unserem Körper selbst gebildet wird, aber auch in vielen Lebensmitteln vorkommt. Es gehört zu den biogenen Aminen und ist bei uns im gesamten Organismus zu finden. Der Botenstoff ist für viele Körperfunktionen, wie zum Beispiel im Immunsystem beim Kampf gegen Krankheitserreger, sehr wichtig und für uns unverzichtbar. Es wird bei Bakterien- oder Virenbefall von unserem Körper ausgeschüttet.

Histamin ist zum Teil auch an der Verdauung und der Produktion/Regulation der Magensäure beteiligt. Es wird aus der Aminosäure „Histidin" gebildet und kommt bei uns in Blut- und Gewebezellen vor. In den sogenannten „Mastzellen" werden vor allem große Mengen an Histamin (und Heparin) gespeichert. Wenn das Histamin nun gebraucht wird, wird es aus den Zellen ausgeschüttet, um seinen Aufgaben nachzugehen. Doch Histamin ist nicht nur für das Immunsystem und die Verdauung sehr wichtig, sondern beeinflusst auch unseren Appetit, unsere Lernfähigkeit und sogar unseren Schlafrhythmus. Auch die Regulation unseres Gedächtnisses und unserer Emotionen sind wichtige Aufgaben, die ohne diesen Botenstoff nicht möglich wären. Histamin dient hier also auch als sogenannter „Neurotransmitter".

Doch auch durch Nahrung können wir Histamin aufnehmen. Dies gelangt dann im Darm in unseren Blutkreislauf. Durch Prick-Tests kann es auch über die Haut aufgenommen werden. Und auch für Säugetiere und Pflanzen spielt der Botenstoff eine wichtige Rolle.

Der Körper baut Histamin ab

Unser Körper kann und muss natürlich auch Histamin abbauen, sonst würde es durch die zahlreichen histaminhaltigen Lebensmittel, die wir zu uns nehmen, zu einer Überdosis kommen, welche sich durch unangenehme Kopfschmerzen, Übelkeit oder Atembeschwerden bemerkbar machen würde. Das Enzym Diaminoxidase verhindert dies, es ist also für den Histaminabbau

zuständig und baut den Botenstoff aus der Nahrung ab. Dies kann aber durch Stoffe wie Alkohol oder bestimmte Medikamente gehemmt werden. Somit besteht die Wahrscheinlichkeit, dass eine große Menge Histamin in unseren Blutkreislauf gelangen könnte. Alkohol wirkt sich also auch hier nicht sehr positiv auf unseren Körper aus und stört die regulären Abläufe.

WAS BEDEUTET HISTAMININTOLERANZ?

Den Begriff Histaminintoleranz haben Sie bestimmt schon mal gehört oder sind vielleicht sogar selbst histaminintolerant. Unter dem Begriff versteht man eine Unverträglichkeit gegenüber histaminhaltigen Lebensmittel. Dadurch kommen schon viele Produkte nicht infrage. Doch besonders in den letzten Jahren werden es immer mehr. Aber wieso ist man eigentlich intolerant gegen Histamin? Und was passiert dabei im Körper? Denn auch Menschen, die sich sehr gesund ernähren und viel Sport treiben, leiden an dieser Allergie. Es liegt also nicht am Lebensstil. Was bedeutet also Histaminintoleranz?

Wie schon im vorherigen Kapitel beschrieben, baut das Enzym Diaminoxidase das Histamin ab und achtet auf eine gesunde und ausreichende Menge für den Körper. Bei histaminintoleranten Menschen wird vermutet, dass dieses Enzym von Natur aus nicht ausreichend vorhanden ist und aus diesem Grund die bekannte Überdosis entsteht. Jedoch gibt es dazu noch keine klare Erklärung, lediglich Vermutungen und Hypothesen.

Eine zweite Vermutung einiger Forscher ist, dass histaminintolerante Menschen genau dieselbe Menge Diaminoxidase im Körper vorhanden haben, jedoch der Abbau durch das Enzym langsamer vorangeht als bei normalen Verhältnissen. Das Histamin wird also nicht ausreichend abgebaut und eine zu hohe Dosis gelangt in den Blutkreislauf. Wieso aber baut das Enzym

das Histamin nicht so schnell ab, wie es sollte? Diaminoxidase benötigt Vitamin B6 und Vitamin C, die beide beim Histaminabbau helfen. (Vitamin B6 ist in Fisch, Getreide und Gemüse enthalten. Vitamin C in Brokkoli, Spinat und Orangen). Durch zu wenig Vitamine fehlen dem Enzym wichtige Bausteine. Folge: Es baut Histamin unzureichend ab. Doch auch durch eine histaminreiche Ernährung oder histaminfreisetzende Tabletten kann es zu einer Überdosis kommen. Der Körper entwickelt dann eine Intoleranz gegen diesen Botenstoff, um die Menge im Körper zu reduzieren.

Zudem können einige Tabletten und Medikamente genauso wie Alkohol die Enzymaktivität hemmen, was den Abbau ebenfalls stark beschränkt.

Aus diesen Gründen sollte man also nie zu viele Produkte oder Medikamente mit hohem Histamingehalt konsumieren.

WAS SIND URSACHEN, DIE EINE HISTAMININTOLERANZ HERVORRUFEN KÖNNEN?

Nur etwa zwei Prozent der Bevölkerung haben eine Histaminintoleranz. Der Großteil liegt bei den Frauen. Etwa 73 Prozent der intoleranten Menschen sind Frauen und nur 27 Prozent Männer. Die meisten zwischen 35 und 40 Jahren. Auch bei Schwangerschaften kommt so eine Unverträglichkeit relativ häufig vor. Selbst viele Wissenschaftler und Ernährungsforscher sind sich nicht sicher, durch welche Ursachen diese Intoleranz entstehen kann. Falls Sie also selbst histaminintolerant sind, kann das viele Gründe haben und diese sind auch noch individuell auf den einzelnen Menschen zutreffend.

Somit ist es nicht einfach, diese Frage zu beantworten. Es kann jedoch auch hier an zu wenig Vitaminen liegen, die man zu sich nimmt oder auch am übermäßigen Konsum von histaminenthaltenden Lebensmitteln. Es wird

aber auch vermutet, dass die Intoleranz von Natur aus entstehen kann und man keinen Einfluss darauf hat. Und auch bei hohem Alkoholkonsum kann so eine Intoleranz weiter provoziert werden. Es gibt also sehr viele Gründe, eine Unverträglichkeit zu haben und viele davon sind noch nicht ausreichend erforscht.

WELCHE SYMPTOME KÖNNEN BEI EINER INTOLERANZ AUFTRETEN?

Bei einer Intoleranz können sehr viele Symptome auftreten, die in den meistens Fällen sehr unangenehm sind und über mehrere Stunden bis sogar Tage andauern können. Die Anzeichen und die Dauer dieser Intoleranz können hier von Mensch zu Mensch variieren. Außerdem hängt die Auffälligkeit der Anzeichen auch stark von der eingenommen Histamindosis ab. Je mehr histaminhaltige Lebensmittel man also zu sich nimmt, desto schlimmer können die Symptome sein. Besonders hier gibt es sehr viele Anzeichen, die auf eine Intoleranz hinweisen. Das können sein:

- Juckende und tränende Augen (wie bei einer Allergie)
- Quaddeln (Hautschwellungen)
- Juckreiz (beim ganzen Körper)
- Magen-Darm-Beschwerden (Durchfall, Bauchschmerzen)
- Kopfschmerzen
- Schnupfen (Anschwellende Nasenschleimhaut)
- Herzrasen
- Hustenanfälle
- Übelkeit
- Menstruationsbeschwerden

Dies sind typische Symptome für eine Intoleranz. Leider treffen auch viele von ihnen auf eine normale Erkältung oder Allergie zu.

Um also herauszufinden, ob Sie wirklich eine Histaminintoleranz haben, müssen Sie sich beim Arzt untersuchen lassen oder einen Selbsttest durchführen. Wie und welche weiteren Möglichkeiten es gibt, um dies zu erfahren, folgen im nächsten Kapitel.

WIE FINDET MAN HERAUS, OB MAN AN EINER HISTAMININTOLERANZ LEIDET?

Falls Sie die im letzten Kapitel genannten Symptome verspüren oder schon mal verspürt haben, fragen Sie sich nun sicher, ob das Anzeichen für eine Unverträglichkeit sind. In diesem Fall haben Sie aber genug verschieden Möglichkeiten, um dies herauszufinden.

Zuallererst können Sie einen einfachen Selbsttest durchführen und sich eine Woche fast nur von histaminreichen Lebensmitteln ernähren, (das können Nüsse, Fisch, Käse, Salami, Ananas oder Tomaten sein) und im Anschluss gucken, ob sie nun die genannten Anzeichen verspüren. Danach folgt eine Woche, in der Sie fast komplett auf solche Lebensmittel verzichten und konsequent versuchen, Histamin zu vermeiden. (Falls Sie histaminenthaltende Tabletten nehmen, können Sie beim Arzt oder in der Apotheke nach einer histaminreduzierten oder am besten histaminfreien Alternative fragen).

Falls sich nun die Anzeichen mindern oder sogar komplett weg sind, haben Sie ein eindeutiges Ergebnis. Nun kann es aber vorkommen, dass in beiden Wochen etwa die gleichen Symptome auf ähnliche Weise und in ähnlicher Länge auftreten. Falls Sie dann unsicher sind, ob es sich nun wirklich

um eine Intoleranz handelt, können Sie auch zum Arzt gehen und dort einen Bluttest oder einen Haut-Prick-Test machen. Dadurch haben Sie dann eine genaue Bestätigung und können sich gleichzeitig auch vom Arzt genauer über das Thema informieren lassen.

KANN HISTAMININTOLERANZ GEFÄHRLICH WERDEN?

Bei langjährigem und häufigem Konsum von histaminreichen Lebensmitteln oder Tabletten kann diese Unverträglichkeit in der Tat gefährlich werden. Die Symptome werden mit der Zeit schlimmer und können dann auch auf Dauer körperliche Schäden verursachen.

Auch auf einige Tabletten können intolerante Menschen lebensbedrohliche Reaktionen entwickeln. Das gilt zum Beispiel für Medikamente, die Entzündungen hemmen sollen. Einige von ihnen enthalten Mefenaminsäure und steigern somit das Histaminniveau im Körper. Auch Medikamente mit Acetylcystein (ACC, Mukubene), können das Enzym, welches für den Histaminabbau zuständig ist, enorm hemmen. Somit kann es gar kein Histamin abbauen und eine gefährliche Überdosis gelangt in die Blutbahn. Dabei kann es zu einer tödlichen Reaktion des Körpers wie zu einem starken Blutdruckabfall, sehr starken Kopfschmerzen oder Verdauungsstörungen kommen. Hierbei spielt es keine Rolle, wie stark die Intoleranz nun ist. Wenn sie vorhanden ist, kann es zu enormen oder sogar tödlichen Schäden kommen.

Aus diesem Grund sollte man sich unbedingt auf eine mögliche Unverträglichkeit testen lassen.

WIE KANN MAN DEN EIGENEN HISTAMINGEHALT IM KÖRPER SENKEN?

Eine Möglichkeit wäre hier ein Verzicht auf histaminhaltige Lebensmittel, um so das Histaminniveau in Ihrem Körper zu senken und die Enzyme nicht noch mehr zu beanspruchen. Jedoch ist das nicht immer einfach und man kommt um viele Lebensmittel, die Histamin enthalten, nicht drumherum. Zum Beispiel die Käsescheiben im Burger oder die selbst angebauten und frischen Tomaten sind Dinge, auf die man nur ungern verzichten will oder ein Verzicht zu aufwendig wäre. Aus diesem Grund gibt es noch einige weitere Möglichkeiten, um seinen Histamingehalt zu senken.

Zum einen gibt es einige Vitamine und Mineralstoffe, die das Enzym Diaminoxidase aktivieren und verstärken. Somit kann mehr Histamin abgebaut und eine Überdosis verhindert werden.

Es gibt aber auch noch spezielle Medikamente, die „Antihistaminika" genannt werden und die Histaminrezeptoren blockieren. Dadurch wirkt das Histamin nicht mehr so stark.

Außerdem gibt es zudem auch spezielle Kapseln, die Diaminoxidase enthalten. Somit hat man nun mehr dieser Enzyme im Körper und kann trotzdem einige histaminenthaltende Produkte konsumieren.

WELCHES ENZYM BAUT HISTAMIN IM KÖRPER AB?

Es gibt zwei Enzyme in unserem Körper, die Histamin abbauen. Zum einen die mittlerweile bekannte Diaminoxidase, welche im Darm, den Nieren und in der Plazenta produziert wird. Sie ist kupferhaltig und besteht aus ungefähr

750 Aminosäuren. Man kann sie auch in kleinen Kapseln kaufen, welches demselben Zweck dient: Mehr Enzyme herzustellen, um schneller und einfacher Histamin abzubauen. Doch auch ein weiteres Enzym hilft unserem Körper den Botenstoff abzubauen. N-Methyltransferase ist ebenfalls beim Histaminabbau beteiligt und ist bei uns in den Nebennieren und in unserem Nervensystem zu finden. Es hat eine Länge von etwa 280 Aminosäuren. Es wird vermutet, dass eine Beeinträchtigung der N-Methyltransferase ebenfalls negative körperliche Auswirkungen hat. Jedoch konnte dies bisher noch nicht zu 100 Prozent bestätigt werden.

WELCHE MEDIKAMENTE HELFEN BEI HISTAMININTOLERANZ?

Zum Glück gibt es mittlerweile schon einige Medikamente, um eine solche Unverträglichkeit etwas mindern zu können und sie für histaminintolerante Menschen etwas ertragbarer zu machen.

Die wohl bekanntesten Medikamente sind „DAOsin" und „FRUCTOsin". Daosin ist ein Nahrungsergänzungsmittel, welches die fehlenden Enzyme bei histaminintoleranten Menschen ergänzt und diese beim Abbau des Botenstoffes unterstützt. Man kann sie in Form von Kapseln kaufen, die dann vor einer Mahlzeit geschluckt werden müssen und sich dann im Magen auflösen. Wenn man Daosin einnimmt, sollte man unbedingt auf genug Bewegung und eine gesunde Ernährung achten und am besten trotzdem Lebensmittel mit hohem Histamingehalt meiden. 10 kapseln kosten hier 9-12 Euro und man kann sie rezeptfrei in der Apotheke erwerben.

Fructosin sind Medikamente in Kapseln, die das Enzym Xylose Isomerase enthalten. Sie minimieren Verdauungsbeschwerden und wandeln im Dünndarm Fruktose in Glukose um. Die Beschwerden können entstehen, wenn der Körper nicht in der Lage ist, Fruktose im Körper genügend zu absorbieren.

Das führt dann zu einer Art Überdosis an Fruktose, dessen Abbau dann zu gewissen Beschwerden führen kann, jedoch durch Fructosin vermindert wird. Er ist aber nicht für Diabetiker und fruktoseintolerante Menschen geeignet und sollte ebenfalls mit einer gesunden Ernährung und viel Sport kombiniert werden. 10 Kapseln kosten 9-12 Euro und sind in der Apotheke erhältlich.

Auch Betadianinkapseln können bei einer Histaminunverträglichkeit eine große Hilfe sein. Sie enthalten Vitamin B6 und Vitamin C sowie Zink, Kupfer und Magnesium, welche den Histaminabbau unterstützen. 60 Kapseln kosten etwa 35 Euro und können bestellt oder in der Apotheke gekauft werden.

WELCHE LEBENSMITTEL SOLLTE MAN BEI EINER HISTAMININTOLERANZ MEIDEN?

Bei einer Histaminintoleranz fallen schon einige Produkte auf, die hohe Dosen des Botenstoffes enthalten. Aus diesem Grund ist es sehr vorteilhaft zu wissen, welche Produkte man lieber vermeiden oder nur in geringen Maßen zu sich nehmen sollte. Am besten sind frische und gesunde Lebensmittel anstatt Fast Food oder Fertigprodukte. Natürlich kann man sich so was auch manchmal erlauben, der Nachteil: Man sollte die Nebenwirkungen dann in Kauf nehmen können.

Aber auch die Zubereitung vieler Lebensmittel oder Getränke spielt hier eine große Rolle. Besonders geräucherte Produkte wie Wurst oder Fisch lösen eine sehr heftige Reaktion bei histaminintoleranten Menschen aus. Das gilt zum Beispiel auch für Wein. Nach der Gärung des Weines enthält er besonders viel Histamin und wirkt sich dementsprechend auch schlimmer auf den Körper aus.

Falls Sie eine gesunde Ernährung anstreben oder sie vielleicht schon umgesetzt haben, sollten Sie trotzdem bei einigen kleinen Ausnahmen aufpassen. Hülsenfrüchte, Erdbeeren oder Weizenkeime können ebenfalls eine starke Reaktion des Körpers auslösen, obwohl sie eigentlich histaminarm sind. Sie unterstützen nämlich die Freisetzung des Histamins in unserem Körper. Am besten sollte Sie das selbst einmal testen und beobachten, wie Ihr Körper darauf reagiert!

Weitere Produkte, auf die Sie am besten verzichten sollten, sind:

- Fisch (Thunfisch, geräucherte Makrelen, Sardinen...)
- Avocados
- Spinat
- Auberginen
- Rindfleisch
- Einige Käsesorten (Cheddar, Edamer, Masdamer...)
- Raclette
- Wein
- Bier

SOFORT UMSETZBARE TIPPS UND TRICKS BEI HISTAMININTOLERANZ

Um das Leben mit Histaminintoleranz etwas zu erleichtern, gibt es natürlich auch viele Tipps und Tricks, die unnötige Symptome und Schmerzen vermeiden können und einen großen Einfluss auf die Histamintoleranz haben können.

• Zum einen hilft es natürlich immer regelmäßig Sport zu treiben, jedoch sollten Sie sich dabei nicht überanstrengen, da beim Sport ebenfalls viel Histamin ausgeschüttet wird und es dadurch ebenfalls zu einer Überdosis kommen kann. Treiben Sie also regelmäßig, aber auch nicht zu heftig Sport. Eine ausgewogene Balance ist hier enorm wichtig.

• Ein weiterer wichtiger Punkt ist der Verzicht auf Zusatzstoffe wie Glutamat oder Farbstoffe, denn auch sie sorgen für eine vermehrte Histaminproduktion. Am besten ist es natürlich selbst zu kochen, um diesen Stoffen aus dem Weg zu gehen.

• Dasselbe gilt auch für Medikamente, bei denen Sie unbedingt auf ihr Verhalten zu Histamin achten müssen. Viele Medikamente können die histaminabbauenden Enzyme nämlich hemmen, wobei es dann schnell zu einer Überdosis kommen kann.

• Somit ist es auch sinnvoll, gleich histaminfreie Lebensmittel einzukaufen und wenn es sich anbietet, am besten selbst zu kochen, da sonst Bakterien in den Gerichten Zeit haben, viel Histamin zu produzieren. Frische Lebensmittel sind hier die allerbeste Wahl und sorgen gleichzeitig auch noch für ein starkes Immunsystem und ein besseres Wohlfühlerlebnis.

• Des Weiteren müssten Sie beim Auftauen und Aufwärmen von Lebensmitteln Acht geben. Denn wenn einige Produkte länger stehen, erhöht sich auch gleichzeitig ihr Histamingehalt. (Deswegen ist auch Wein so histaminhaltig). Beim Auftauen empfiehlt es sich, die Produkte in der Pfanne warm zu machen, da zu langsames Auftauen ebenfalls den Histamingehalt erhöhen kann.

- Natürlich ist es auch am vorteilhaft, auf Alkohol zu verzichten, da er die Diaminoxidase (Enzym für den Histaminabbau) hemmt und es somit schnell zu unangenehmen Symptomen kommen kann.

Das sind die hilfreichsten Tipps, die man schnell und relativ einfach umsetzen kann, um sich selbst vor unnötigem Histaminüberschuss zu schützen. Da hier die Ernährung eine zentrale Rolle spielt und man sich mit den richtigen Lebensmitteln das Leben um ein Vielfaches erleichtern kann, müssen Sie also auch etwas über den praktischen Teil, nämlich das Kochen erfahren. Es gibt unglaublich viele unterschiedliche Variationen an Gerichten, die man (sogar in kurzer Zeit) einfach und vor allem lecker zubereiten kann. Weiteres erfahren Sie in den nächsten Kapiteln!

Einleitung – Rezepte

Damit Sie sich nun richtig und vor allem auch gesund ernähren können, ist es vorteilhaft, auch einige passende Rezepte mit histaminarmen Lebensmitteln zu kennen. Manchmal hat man zum Kochen aber nicht immer ausreichend Zeit. Aus diesem Grund folgen nun einige leckere Rezepte, die man schnell, einfach und mit alltäglichen Produkten zubereiten kann. Doch natürlich finden Sie hier auch etwas aufwendigere, aber dafür umso leckerere Varianten. Die Rezepte wurden in Kategorien eingeteilt, die Ihnen ermöglichen, zu jeder Tageszeit ein passendes Gericht zu kochen. Egal ob süß, sauer oder fruchtig – in diesem Buch finden Sie alles!

Viel Spaß beim Kochen!

Das perfekte Frühstück

LECKERER
MORGEN-OBSTSALAT

Nährwerte: 835 kcal, 45 g Kohlenhydrate, 66 g Fett, 15 g Eiweiß

Zubereitungszeit: 10 Minuten

Zutaten:

125 g Obst
30 g Kokos-Chips
1 kleine Dose Kokosmilch (200ml)

Zum Hinzufügen:

1 EL Honig
1 EL Zitronensaft
1 TL Zimt

Zubereitung:

Beim Obst können Sie selbst entscheiden, auf was sie gerade Lust haben. Äpfel, Bananen und Kiwis sind hier am besten! Heidelbeeren oder Blaubeeren sind aber ebenfalls sehr passend!

1. Zuerst müssen Sie das Obst waschen und anschließend in kleine Stücke, Streifen oder Würfel schneiden (je nach Vorliebe).

2. Danach sollen die Obststücke mit den Kokos-Chips in einer Schüssel gut miteinander vermischt werden.

3. Die Kokosmilch sollten Sie vor dem Öffnen gut schütteln und dann in die Schale geben.

4. Nun können Sie je nach Belieben Zitronensaft, Zimt oder Honig dazugeben, um das Ganze noch ein bisschen zu verfeinern.

Schnell, lecker und einfach. Die Zubereitungszeit dauert nur max. 10 Minuten und Sie haben ein perfektes Frühstück am Morgen.

LECKERES KNUSPERMÜSLI

Nährwerte: 277 kcal, 35 g Kohlenhydrate, 13 g Fett, 7 g Eiweiß

Zubereitungszeit: 10 Minuten

Zutaten:

40 g Kokosöl
4 EL Agavendicksaft
250 g Haferflocken

Zubereitung:

Ein Müsli am Morgen ist eine sehr schöne Variante, die schnell gemacht ist und wenig Aufwand benötigt.

1. Zu Beginn muss der Ofen auf 180 Grad vorgeheizt werden. Haferflocken in eine Schüssel geben.

2. Währenddessen können Sie das Kokosöl zusammen mit dem Agavendicksaft in einem Topf schmelzen lassen und die entstandene Mischung zu den Haferflocken geben. (Unterrühren).

3. Zuletzt die Haferflocken auf dem Backblech verteilen und für 12 Minuten im Ofen backen lassen.

FRISCHER SMOOTHIE

Nährwerte: 405 kcal, 24 g Kohlenhydrate, 33 g Fett, 4 g Eiweiß

Zubereitungszeit: 5 Minuten

Zutaten:

1 Apfel
1 Kiwi
1 kleines Stück Ingwer
6-8 Blätter frische Minze
2 EL Zitronensaft
100 ml Wasser
Ggf. Eiswürfel

Zubereitung:

Dieser Smoothie ist besonders im Sommer absolut perfekt! Frisch, gesund und fruchtig – besser geht's nicht!

1. Zuerst müssen Sie den Apfel waschen und anschließend in kleine Stücke schneiden.

2. Danach die Kiwi schälen und ebenfalls in Stücke schneiden.
3. Ingwer schälen und am besten in kleine dünne Scheiben schneiden.

4. Alles in einen Mixer werfen und mit 100 ml Wasser etwas verdünnen.

5. Danach alles pürieren und für einige Minuten in den Kühlschrank stellen.

Die Zubereitungszeit dauert nur max. 5 Minuten und ist perfekt für den kleinen Genuss am Morgen.

MINESTRONE

Nährwerte: 92 kcal, 4 g Kohlenhydrate, 8 g Fett, 3 g Eiweiß

Zubereitungszeit: 10 -15 Minuten

Zutaten:

1 Liter Gemüsebrühe
1 Karotte (geschält, klein geschnitten)
Etwas Salz
1 Pastinake (geschält, klein geschnitten)
50 g Zwiebeln (in Ringe geschnitten)
150 ml Sahne
1 rote Beete (geschält, klein geschnitten)
1 große Kartoffel (geschält, klein geschnitten)
1 Stange Sellerie (klein geschnitten)

Zubereitung:

Auch eine leckeres Minestronesuppe ist schnell gemacht und schmeckt dazu noch unglaublich lecker!

1. Zuerst nehmen Sie einen Topf, fügen die Gemüsebrühe hinein und bringen diese zum Kochen.

2. Danach das klein geschnittene Gemüse hinzufügen und alles etwa 10 bis 15 Minuten kochen lassen.
3. Nachdem alles weich geworden ist, die Suppe in einer servierfähigen Schale anrichten. Sahne und Salz nach Belieben hinzufügen.

4. Falls Sie die Suppe püriert haben wollen, können Sie alle Zutaten vorher in einen Mixer oder eine Püriermaschine geben, bevor sie gekocht werden.

KOHLRABI-SELLERIE SALAT

Nährwerte: 99 kcal, 2 g Kohlenhydrate, 1 g Fett, 2 g Eiweiß

Zubereitungszeit: 5-10 Minuten

Zutaten:

2 EL Kräuteröl
1 großer Brokkoli (in Stücke geschnitten)
Ein halber Kohlrabi (in Würfel geschnitten)
Eine halbe Knolle Sellerie (in Würfel geschnitten)

Zubereitung:

Ein leckerer und frischer Salat ist immer eine gute Wahl am Morgen!

1. Zuerst sollen der Kohlrabi, die Brokkoli und der Sellerie für etwa 10 Minuten gekocht werden.

2. Wenn die Zutaten weich geworden sind, zusammen mit dem Kräuteröl servieren.

MORGEN-PFANNKUCHEN

Nährwerte: 457 kcal, 4 g Kohlenhydrate, 42 g Fett, 17 g Eiweiß

Zubereitungszeit: 15-20 Minuten

Zutaten:

60 g Mandeln
6 Eier
2 EL Kokosöl
1 TL Zimt
6 EL Apfelmus

Zubereitung:

Auch Pfannkuchen sind eine leckere Alternative für den Morgen!

1. Kokosöl bei geringer Hitze schmelzen und danach etwas abkühlen lassen.

2. Danach das geschmolzene Kokosöl, die Mandeln und das Apfelmus zusammen mit den Eiern und dem Zimt in einen Mixer geben und gut aufschlagen.

3. Die Pfanne erhitzen und vorher etwas Butter oder Öl in der Pfanne schmelzen lassen.

4. Danach etwa ein Achtel der Masse in die Pfanne gießen und anbraten.

5. Die restlichen Pfannkuchen ebenfalls goldgelb backen.

Die Zubereitungszeit dauert ungefähr 15-20 Minuten. Sie können hier die Mandeln auch etwas minimieren oder ganz darauf verzichten, da sie eine kleine Menge Histamin enthalten.

EINZIGARTIGER APFELKUCHEN

Nährwerte: 500 kcal, 24 g Kohlenhydrate, 37 g Fett, 17 g Eiweiß

Zubereitungszeit: 20-25 Minuten

Zutaten:

1 Apfel
3 Eier
1 EL Honig
2 TL Zimt
4 EL Mehl
1 EL Kokosöl
0,5 TL Backpulver

Für Kompott:

5 Zwetschgen (Pflaumen)
2 TL Zimt
1 EL Kokosöl

Zubereitung:

Die kleinen Apfelkuchen sind eine besonders amüsante Variante am Morgen und sind relativ schnell gemacht!

Für den Teig:

1. Zuerst müssen Sie den Apfel waschen und in kleine Stückchen schneiden.

2. Danach die Eier, Honig und Zimt mit der Hälfte der Apfelstücke zusammen in den Mixer tun und zu einer Masse verarbeiten.

3. Nun rühren Sie das Backpulver, das Mehl und die restlichen Apfelstücke in die restliche Masse ein.

Für das Kompott:

1. Für das Kompott sollten Sie die Pflaumen ebenfalls waschen und in kleine Stücke schneiden.

2. Dann das Kokosöl in einer kleinen Pfanne schmelzen und mit dem Zimt und den Pflaumenstücken vermischen.

3. Das Kompott unter gelegentlichem rühren köcheln lassen.

4. Nun müssen Sie lediglich den Teig in der Pfanne goldbraun backen. Dabei sollten Sie nur ein bis zwei Esslöffel Teig für einen Apfelkuchen verwenden.

Die Zubereitungszeit dauert ungefähr 20-25 Minuten, lohnt sich aber durchaus. Die Apfelkuchen schmecken sehr intensiv. Sie können die Menge der Mandeln bei Bedarf etwas minimieren oder ganz darauf verzichten, da sie eine kleine Menge Histamin enthalten.

BANANEN-SPINAT-SMOOTHIE

Nährwerte: 301 kcal, 69 g Kohlenhydrate, 2 g Fett, 4 g Eiweiß

Zubereitungszeit: 5 Minuten

Zutaten:

1 Banane
Etwas frischer Blattspinat
Kokoswasser

Zubereitung:

Smoothies sind besonders im Sommer eine perfekte Gelegenheit, um schnell mal etwas Frisches zu sich zu nehmen! Die Smoothies benötigen nur minimalen Aufwand und schmecken unglaublich gut!

1. Zuerst muss die Banane in kleine Stücke geschnitten werden.

2. Nun den frischen Spinat zusammen mit dem Kokoswasser in einen Mixer geben und alles so lange mixen, bis eine für Sie passende Konsistenz erreicht ist.

Die Zubereitungszeit dauert nur 5 Minuten.

Tipp: Achten Sie darauf, dass der Spinat wirklich frisch ist, sonst kann er eine zu hohe Dosis Histamin enthalten.

BRENNNESSEL-SAMEN-BUTTER

Nährwerte (100 g): 754 kcal, 1 g Kohlenhydrate, 84 g Fett, 1 g Eiweiß

Zubereitungszeit: 10 Minuten

Zutaten:

3 EL Brennnnessel-Samen
Etwas Salz
250 g Butter

Zubereitung:

Diese Brennnessel-Samen-Butter ist wirklich einzigartig und schmeckt unglaublich gut!

1. Zu Beginn die Brennnessel-Samen abrebeln. Danach die Butter weich werden lassen und mit 2 EL Brennnessel-Samen und dem Salz in einem Topf verrühren.

2. Im Anschluss können Sie aus der Creme eine Rolle formen. Zuletzt die Creme über Nacht in den Kühlschrank stellen.

BANANEN-APFEL-SMOOTHIE

Nährwerte: 301 kcal, 71 g Kohlenhydrate, 4 g Fett, 7 g Eiweiß

Zubereitungszeit: 5 Minuten

Zutaten:

1 Banane
2 Hände voll frischer Spinat
250 ml Wasser
1 Apfel
Einen halben Teelöffel Zimt
1 Kiwi
1 kleines Stück Ingwer

Zubereitung:

Smoothies sind besonders im Sommer eine perfekte Gelegenheit, um schnell mal etwas Frisches zu sich zu nehmen! Die Smoothies benötigen nur minimalen Aufwand und schmecken unglaublich gut!

1. Zuerst müssen die Banane sowie der Apfel und die Kiwi in kleine Stücke geschnitten werden.
2. Nun alle Zutaten zusammen in einen Mixer geben und alles so lange mixen, bis eine für Sie passende Konsistenz erreicht ist.

Die Zubereitungszeit dauert nur 5 Minuten.

Tipp: Achten Sie darauf, dass der Spinat wirklich frisch ist, sonst kann er eine zu hohe Dosis Histamin enthalten.

TORTILLAS AM MORGEN

Nährwerte: 216 kcal, 3 g Kohlenhydrate, 19 g Fett, 8 g Eiweiß

Zubereitungszeit: 30 Minuten

Zutaten:

150 g Blumenkohl
1 Knoblauchzehe
5 Eier
25 g Mehl
0,5 TL Salz
3 EL Olivenöl
3 EL Kokosraspeln
50 ml Wasser

Zubereitung:

Die Tortillas sind eine besondere und einzigartige Mahlzeit am Morgen, die den Aufwand definitiv wert ist und einfach einzigartig schmeckt!

1. Zuerst entfernen Sie die Blätter vom Blumenkohl. Teilen Sie ihn danach in kleine Röschen auf.

2. Danach den Knoblauch schälen und in kleine Stücke schneiden.
3. Die Eier, das Salz, das Olivenöl sowie das Mehl und 50 ml Wasser zusammen mit dem Blumenkohl und Knoblauch in einen Mixer tun und zu einem Brei pürieren.

4. Nun geben Sie die Kokosraspeln in den Brei und rühren die Masse um.

5. Danach erhitzen Sie eine Pfanne und reiben diese mit Öl ein, sodass alle Stellen der Pfanne mit Öl bedeckt sind.

6. Im Anschluss etwa ein Sechstel der Masse in die Pfanne geben und zu einem Kreis formen.

7. Wenn die Tortillas goldbraun sind, nehmen Sie sie aus der Pfanne und legen sie bei etwa 80 Grad in den Ofen, um sie warm zu halten.

Die Zubereitungszeit dauert ungefähr eine halbe Stunde, was es aber definitiv wert ist!

KRÄUTER-AUFSTRICH

Nährwerte: 171 kcal, 15 g Kohlenhydrate, 4 g Fett, 4 g Eiweiß

Zubereitungszeit: 5 Minuten

Zutaten:

70 g Joghurt
Etwas Salz
Etwas Pfeffer
120 g frischer Quark
1 Hand voll Kräuter nach Wahl

Zubereitung:

Selbstgemacht Aufstriche schmecken besonders gut und punkten hier mit ihrer unglaublichen Frische!

1. Zuerst die Kräuter gut zerhacken.

2. Danach alle Zutaten in einen Mixer geben und gut pürieren, bis eine passende Konsistenz erreicht ist.

HIMBEER-MELONEN-SMOOTHIE

Nährwerte: 301 kcal, 69 g Kohlenhydrate, 2 g Fett, 4 g Eiweiß

Zubereitungszeit: 5 Minuten

Zutaten:

15 Blätter frische Minze
150 g Himbeeren
Ein Viertel Wassermelone

Zubereitung:

Smoothies sind besonders im Sommer eine perfekte Gelegenheit, um schnell mal etwas Frisches zu sich zu nehmen! Die Smoothies benötigen nur minimalen Aufwand und schmecken unglaublich gut!

1. Zu Beginn muss die Wassermelone in kleine Stücke geschnitten werden.

2. Nun die geschnittene Melone zusammen mit den restlichen Zutaten in einen Mixer geben und alles so lange mixen, bis eine für Sie passende Konsistenz erreicht ist.

SPARGEL-SCHINKEN MENÜ

Nährwerte: 240 kcal, 5 g Kohlenhydrate, 17 g Fett, 20 g Eiweiß

Zubereitungszeit: 30 Minuten

Zutaten:

400 g grüner Spargel
120 g Schinken in Scheiben
Etwas Olivenöl
Salz
Pfeffer
(ggf. Essig)

Zubereitung:

Dieses Gericht ist ebenfalls eine außergewöhnliche und neuartige Spezialität, die für einen entspannten Morgen (vorausgesetzt man hat etwas mehr Zeit) perfekt geeignet ist!

1. Den Ofen auf 180 Grad vorheizen.

2. Danach sollten Sie den Spargel waschen und etwa 1 cm der unteren Seite abschneiden und auf ein Backblech legen.

3. Nun können Sie die Spargelstangen mit Olivenöl bestreichen.

4. Danach die Schinkenscheiben in schmale Scheiben reißen und um die Spargelstangen wickeln.

5. Dann die Stangen in den Backofen legen und etwa für 10 Minuten backen. Zwischendurch wenden.

6. Stangen aus dem Backofen nehmen und einige Minuten abkühlen lassen.

Die Zubereitungszeit dauert ungefähr eine halbe Stunde, beansprucht aber nur wenig Aufwand und ist definitiv ein sehr einzigartiges Gericht!

FRISCHER MORGEN-SMOOTHIE

Nährwerte: 164 kcal, 36 g Kohlenhydrate, 3 g Fett, 4 g Eiweiß

Zubereitungszeit: 5 Minuten

Zutaten:

Ein Viertel einer Melone
1 Aprikose
Etwas Wasser
1 Banane
Zwei Hände voll Grünkohl

Zubereitung:

Smoothies sind besonders im Sommer eine perfekte Gelegenheit, um schnell mal etwas Frisches zu sich zu nehmen! Die Smoothies benötigen nur minimalen Aufwand und schmecken unglaublich gut!

1. Zuerst müssen die Banane sowie die Aprikose und die Melone in kleine Stücke geschnitten werden. Nun alle Zutaten zusammen in einen Mixer geben und alles so lange mixen, bis eine für Sie passende Konsistenz erreicht ist.

ZWIEBEL-AUFSTRICH

Nährwerte: 171 kcal, 18 g Kohlenhydrate, 5 g Fett, 3 g Eiweiß

Zubereitungszeit: 5 Minuten

Zutaten:

1 Zwiebel
200 g kleine Kartoffeln
Etwas Salz
40 g Butter (frisch)
Etwas Schnittlauch
70 g Sauerrahm
Etwas Pfeffer

Zubereitung:

Selbstgemacht Aufstriche schmecken besonders gut und punkten hier mit ihrer unglaublichen Frische!

1. Zu Beginn die Kartoffeln schälen, in einem Topf weichkochen lassen und im Anschluss zerdrücken.Danach die Zwiebeln schälen und in kleine Stücke zerkleinern.

2. Zuletzt die Kartoffelmasse zusammen mit den Zwiebeln und den restlichen Zutaten in einem Mixer gut pürieren.

KÜRBISCREMESUPPE

Nährwerte: 301 kcal, 21 g Kohlenhydrate, 22 g Fett, 6 g Eiweiß

Zubereitungszeit: 30 Minuten

Zutaten:

Suppe:

100 g Zwiebeln (in Würfel geschnitten)
1 Knoblauchzehe (geschält, halbiert und gehackt)
1 TL Currypulver
1 TL Kokosöl
1 kleiner Rosmarinzweig (ohne Nadeln)
340 g Gemüsebrühe
Eine Prise Chiliflocken
Eine Prise Kreuzkrümel (gemahlen)
Etwas Salz
Gemahlener Pfeffer

Spieße:

Etwas Salz
150 g frischer, heller Fisch ohne Gräten (in 24 Stücke geschnitten)
1 Lorbeerblatt

Außerdem:

2 TL Kürbiskernöl
4 Bambusspieße
20 g Kürbiskerne (ohne Fett geröstet)

Zubereitung:

Auch eine Suppe am Morgen ist eine sehr leckere Variante und zudem auch noch schnell gemacht!

1. Zu Beginn nehme Sie einen Topf und erwärmen das Kokosöl.

2. Nun soll der Knoblauch zusammen mit dem Rosmarin und den Zwiebeln

hinzugefügt und leicht erhitzt werden.

3. Im Anschluss die Chiliflocken sowie den Kreuzkrümel dazugeben und alles mit der Kokosmilch und der Gemüsebrühe begießen.

4. Nun die Mischung mit Salz und Pfeffer verfeinern und alles etwa 8 Minuten kochen lassen. Zwischen-durch umrühren.

5. Währenddessen können Sie die vier Bambusstöcke leicht einölen und die Fischstücke dort aufspießen.

6. Anschließend einen zweiten Topf nehmen, 80 ml Wasser einfüllen und die Fischstücke mit dem Salz und dem Lorbeerblatt etwa 2 Minuten kochen lassen.

7. Nun die Kokosmilch-Mischung in einen Mixer geben und alles vorsichtig pürieren.

8. Zuletzt die Fischspieße, zusammen mit den gerösteten Kürbiskernen und der Kürbissuppe servieren.

FRÜCHTE IM SPECKMANTEL

Nährwerte: 289 kcal, 31 g Kohlenhydrate, 13 g Fett, 9 g Eiweiß

Zubereitungszeit: 20 Minuten

Zutaten:

1 oder 2 frische Ananas
getrocknete Datteln
Baconscheiben (Speck)
getrocknete Aprikosen
Einige Zahnstocher

Zubereitung:

Dieser Snack kann sehr mit seiner Frische und natürlich dem einzigartigen Geschmack punkten!

1. Den Ofen auf 200 Grad vorheizen. Die Ananas zuerst in Scheiben und danach in Stücke schneiden.

2. Im Anschluss die Datteln etwas einschneiden, aufklappen und die enthaltenen Steine entfernen.

3. Die Speckscheiben um die Datteln wickeln und mit einem Zahnstocher festigen.

4. Weitere Speckscheiben um die Aprikosen wickeln.

5. Danach die Zahnstocher mit den Früchten in den Backofen legen und für 20 Minuten backen lassen. Zwischendurch wenden.

Die Zubereitungszeit dauert ungefähr 20 Minuten. Hier können Sie ganz nach Ihrem Belieben entscheiden, wie viele Zahnstocherfrüchte Sie backen wollen! Ein perfekter Snack für zwischendurch!

MARACUJA-POSTELEIN-SMOOTHIE

Nährwerte: 301 kcal, 71 g Kohlenhydrate, 4 g Fett, 7 g Eiweiß

Zubereitungszeit: 5 Minuten

Zutaten:

1 frische Maracuja
Etwas Minze
Eine bis zwei Handvoll Postelein
1 Limette

Zubereitung:

Smoothies sind besonders im Sommer eine perfekte Gelegenheit, um schnell mal etwas Frisches zu sich zu nehmen! Die Smoothies benötigen nur minimalen Aufwand und schmecken unglaublich gut!

1. Zuerst müssen die Maracuja sowie die Limette in kleine Stücke geschnitten werden.

2. Nun alle Zutaten in den Mixer geben und alles so lange mixen, bis eine für Sie passende Konsistenz erreicht ist.

HONIG-DILL-KAROTTEN

Nährwerte: 155 kcal, 19 g Kohlenhydrate, 8 g Fett, 3 g Eiweiß

Zubereitungszeit: 15-20 Minuten

Zutaten:

Etwa 400 g Karotten
1 TL Salz
2 Stiele frischer Dill (Gurkenkraut)
1 EL Kokosöl
1 EL Honig

Zubereitung:

Dies ist ebenfalls ein perfekter kleiner Snack am Morgen und ist zudem eine Mahlzeit voller Frische!

1. Zuerst müssen Sie 300 ml Wasser in einem Topf aufkochen lassen. Geben Sie Salz dazu.

2. Danach werden die Karotten geschält und anschließend in Scheiben geschnitten.

3. Karotten in den Topf mit kochendem Wasser geben und bei mittlerer Hitze kochen, bis sie leicht weich geworden sind.

4. Dill waschen und in kleine Stücke zerschneiden.

5. Nachdem die Karotten fertiggekocht sind, das Wasser abgießen lassen und sie in einen tiefen Teller legen.

6. Nun Dill, Kokosöl und Honig unter die Karottenscheiben rühren.

Die Zubereitungszeit dauert ungefähr 15-20 Minuten und bietet einen einzigartigen Geschmack und noch dazu ein sehr gesundes Frühstück!

BALSAMICO-ZWIEBEL SPEZIALITÄT

Nährwerte: 97 kcal, 6 g Kohlenhydrate, 8 g Fett, 3 g Eiweiß

Zubereitungszeit: 35 Minuten

Zutaten:

2 rote Zwiebeln
1 EL Olivenöl
Salz
Pfeffer
1 EL Balsamico Essig

Zubereitung:

Ein kleines leckeres Rezept, um sich den Morgen zu versüßen!

1. Zu Beginn den Ofen auf 180 Grad vorheizen.

2. Danach die Zwiebeln schälen und in dünne Ringe schneiden.

3. Salz, Pfeffer und etwas Öl mit den Zwiebeln in eine Schüssel geben und gut umrühren.

4. Im Anschluss alles in eine ofenfeste Form geben und etwa 30 Minuten lang backen. Bis die Zwiebeln knusprig sind.

5. Wenn die Zwiebeln dann fertig sind, ggf. Balsamico Essig drüber geben.

Die Zubereitungszeit dauert ungefähr 35 Minuten und schmeckt sehr intensiv, einzigartig und sogar etwas orientalisch!

MELONEN-SMOOTHIE

Nährwerte: 164 kcal, 36 g Kohlenhydrate, 3 g Fett, 4 g Eiweiß

Zubereitungszeit: 5 Minuten

Zutaten:

Ein Viertel einer Melone
1 Aprikose
Etwas Wasser
1 Banane
Zwei Hände voll Grünkohl

Zubereitung:

Smoothies sind besonders im Sommer eine perfekte Gelegenheit, um schnell mal etwas Frisches zu sich zu nehmen! Die Smoothies benötigen nur minimalen Aufwand und schmecken unglaublich gut!

1. Zuerst müssen die Banane, die Aprikose und die Melone in kleine Stücke geschnitten werden. Nun alle Zutaten zusammen in einen Mixer geben und alles so lange mixen, bis eine für Sie passende Konsistenz erreicht ist.

BOHNEN MIT BIRNEN UND SPECK

Nährwerte: 540 kcal, 26 g Kohlenhydrate, 40 g Fett, 20 g Eiweiß

Zubereitungszeit: 20-25 Minuten

Zutaten:

500 g grüne Bohnen
2 Birnen
2 EL Olivenöl
200 g Bacon (Speck)
1 EL Salz
Pfeffer
2 TL Senf
200 g Speck

Zubereitung:

Dieses Rezept ist besonders passend für den frühen Morgen und benötigt zudem keine lange Zubereitungszeit!

1. Zuerst müssen Sie etwa einen Liter Wasser in einem Topf aufkochen lassen. 1 EL Salz hinzufügen.
2. Danach werden die Bohnen gewaschen und deren Enden abgeschnitten.

3. Anschließend die Bohnen in das kochende Wasser legen und etwa 10 Minuten kochen lassen.

4. Nachdem sie fertig sind, müssen die Bohnen sofort mit kaltem Wasser abgeschreckt werden.

5. Nun werden die Birnen gewaschen, geschält und danach in dünne Scheiben geschnitten.

6. Im Anschluss wird eine Pfanne mit Olivenöl erhitzt und der Speck darin gebraten.

7. Die Bohnen und die Birnenscheiben dazugeben und heiß werden lassen.

8. Ggf. mit Salz, Senf oder Pfeffer für besseren Geschmack würzen.

Die Zubereitungszeit dauert etwa 20-25 Minuten und liefert Ihnen eine hervorragende und gesunde Mahlzeit für einen entspannten Morgen.

AUFSTRICH MIT FRISCHEM BÄRLAUCH

Nährwerte: 135 kcal, 5 g Kohlenhydrate, 9 g Fett, 8 g Eiweiß

Zubereitungszeit: 5 Minuten

Zutaten:
2 TL Bärlauchpaste
Doppelrahmfrischkäse

Zubereitung:
Selbstgemacht Aufstriche schmecken besonders gut und punkten hier mit ihrer unglaublichen Frische!

1. Die Paste zusammen mit dem Frischkäse so lange verrühren, bis eine gleichmäßige Creme entstanden ist.

2. Ggf. kann das Ganze zusätzlich mit etwas Salz und Pfeffer verfeinert werden.

MANIOK CHIPS AM MORGEN

Nährwerte: 540 kcal, 38 g Kohlenhydrate, 41 g Fett, 20 g Eiweiß

Zubereitungszeit: 40 Minuten

Zutaten:

2 Maniok Wurzeln
2 EL Kokosöl
2 TL Muskatnuss (gerieben)
1 TL Paprikapulver

Zubereitung:

Auch Chips sind eine gute Wahl am Morgen! Sie erfordern etwas mehr Zeit, sind jedoch außerordentlich lecker und natürlich auch sehr einzigartig!

1. Zu Beginn den Ofen auf 180 Grad vorheizen.

2. Danach müssen Sie die Maniok-Wurzeln waschen, schälen und im Anschluss in kleine dünne Scheiben schneiden.

3. Nun sollten Sie das Kokosöl schmelzen lassen und das Paprikapulver und die Maniok-Scheiben mit dem Kokosöl gut vermischen.

4. Im Anschluss die gewürzten Scheiben auf ein mit Backpapier ausgelegtes Backblech legen und alles für 30 Minuten backen.

Die Zubereitungszeit dauert ungefähr 40 Minuten. Selbstgemachte Chips sind jedoch eine einzigartige Mahlzeit und etwas Abwechslung tut jedem mal gut!

PFEFFERMINZ-SMOOTHIE

Nährwerte: 164 kcal, 36 g Kohlenhydrate, 3 g Fett, 4 g Eiweiß

Zubereitungszeit: 5 Minuten

Zutaten:

3 Pfefferminzblätter (frisch)
100 ml Wasser
1 TL Kurkumapulver
1 Stück Ingwerwurzel (klein)
1 TL Spirulina Pulver
2 Äpfel
1 Handvoll Feldsalat
3 Brokkoliröschen

Zubereitung:

Smoothies sind besonders im Sommer eine perfekte Gelegenheit, um schnell mal etwas Frisches zu sich zu nehmen! Die Smoothies benötigen nur minimalen Aufwand und schmecken unglaublich gut!

1. Zuerst muss der Salat klein gehackt und die Äpfel in kleine Stücke geschnitten werden. Nun alle Zutaten zusammen in einen Mixer geben und alles so lange mixen, bis eine für Sie passende Konsistenz erreicht ist.

SESAM-KOHLRABI STICKS

Nährwerte: 185 kcal, 9 g Kohlenhydrate, 16 g Fett, 6 g Eiweiß

Zubereitungszeit: 30 Minuten

Zutaten:

1 Kohlrabi
1 EL Kokosöl
2 TL Sesampaste
Salz
2 EL Sesamsamen

Zubereitung:

Eine weitere Neuheit am Morgen können diese Kohlrabi Sticks sein, die noch dazu sehr gesund sind und relativ wenig Zubereitungszeit benötigen.

1. Zu Beginn den Ofen auf 180 Grad vorheizen. Danach Kohlrabi schälen und in kleine Stifte schneiden.

2. Öl in einer Pfanne erhitzen und die Kohlrabistifte mit der Sesampaste, dem Salz und den Sesamsamen in der Pfanne gut vermischen.

3. Die nun fertigen Sticks auf ein Backpapier legen und für etwa 15 Minuten im Ofen backen. Zwischendurch wenden.

Die Zubereitungszeit dauert hier ungefähr 30 Minuten. Die Sticks sind sehr schmackhaft und gleichzeitig auch noch ein schöner Blickfang!

PFANNKUCHENSALAT

Nährwerte: 20 kcal, 5 g Kohlenhydrate, 3 g Fett, 3 g Eiweiß

Zubereitungszeit: 20 Minuten

Zutaten:
Pfannkuchen:

150 ml Mineralwasser
30 g Chiasamen
Ein halber Esslöffel Sonnenblumenöl
125 g Magerquark
75 g Dinkelmehl
1 Ei

Salat:

1 TL Honig
60 g Feldsalat (geputzt und gewaschen)
6 g Olivenöl
6 g Leinöl
12 g Weinessig (mild)
Gemahlener Pfeffer
Etwas Salz

Deko:

20 g Sonnenblumenkerne
1 Apfel (geviertelt)

Zubereitung:

Ein leckerer Pfannkuchensalat ist eine perfekte Mischung aus süß und frisch!

1. Dafür nehmen Sie eine große Schale für den Teig und alle Zutaten für den Pfannkuchen (bis auf das Sonnenblumenöl) hinzufügen und alles gut umrühren.

2. Im Anschluss soll für die Vinaigrette der Weißwein zusammen mit dem Honig, dem Salz und dem Pfeffer miteinander vermischt und danach gut umgerührt werden.

3. Nun kann auch Oliven- und Leinöl in die Mischung hinzugegeben werden.

4. Danach den Feldsalat hinzufügen und alles noch einmal gut miteinander vermengen.

5. Nehmen Sie eine Pfanne und beschichten Sie sie mit dem Sonnenblumenöl.

6. Nachdem die Pfanne warm genug ist, kann der Pfannkuchenteig in die Pfanne gegeben und dort zu einem großen Pfannkuchen gebacken werden.

7. Ofen auf 80 Grad erhitzen und den Pfannkuchen vorerst (zum Warmhalten) auf ein Ofengitter legen.

8. Im Anschluss können in der Pfanne die vier Apfelstücke zusammen mit etwas Pflanzenöl gebacken werden.

9. Zuletzt den Pfannkuchen mit dem Salat, den gebratenen Apfelstücken und den Sonnenblumenkernen auf einem Teller anrichten.

ROTE BEETE-AUFSTRICH

Nährwerte: 169 kcal, 14 g Kohlenhydrate, 7 g Fett, 2 g Eiweiß

Zubereitungszeit: 30 Minuten

Zutaten:

70 g Joghurt
15 g Meerrettich
1 kleine Zwiebel
30 g rote Beete
Etwas Salz
25 g Öl
1 TL Haferflocken
Etwas Pfeffer

Zubereitung:

Selbstgemacht Aufstriche schmecken besonders gut und punkten mit ihrer unglaublichen Frische!

1. Zu Beginn die rote Beete waschen, den Strunk entfernen und danach für etwa eine halbe Stunde kochen lassen. Währenddessen die Zwiebeln schälen und in kleine Würfel schneiden. Zuletzt alle Zutaten in eine große Schale geben und alles etwa 2 bis 3 Minuten gut miteinander verrühren.

AUFSTRICH MIT ROTKOHL

Nährwerte: 121 kcal, 5 g Kohlenhydrate, 10 g Fett, 7 g Eiweiß

Zubereitungszeit: 5 Minuten

Zutaten:

90 g Butter
2 TL Meerrettich
Etwas Salz
Etwas Pfeffer
150 g Rotkohl
90 g Quark

Zubereitung:

Selbstgemacht Aufstriche schmecken besonders gut und punkten mit ihrer unglaublichen Frische!

1. Zuerst kann das Rotkraut in kleine Stücke gehobelt werden.

2. Danach einen Topf nehmen und den gehobelte Rotkohl zusammen mit der Butter, dem Zitronensaft und dem Quark gut miteinander umrühren.
Zuletzt alles mit etwas Salz und Pfeffer verfeinern.

HEIDELBEER-KOKOS SMOOTHIE

Nährwerte: 193 kcal, 7 g Kohlenhydrate, 22 g Fett, 4 g Eiweiß

Zubereitungszeit: 5 Minuten

Zutaten:

200 ml Kokosmilch (Bio)
Ein paar Pfefferminzblätter
200 g Heidelbeeren

Zubereitung:

Ein frischer Smoothie für den Morgen ist schnell gemacht und erfordert so gut wie keinen Aufwand!

1. Zuerst können Sie alle Zutaten in einen Mixer geben und alles für etwa 1 bis 2 Minuten mixen.

2. Danach das Ganze mit den Pfefferminzblättern dekorieren und fertig ist der Smoothie!

KAROTTEN-PÜREE

Nährwerte: 300 kcal, 27 g Kohlenhydrate, 21 g Fett, 5 g Eiweiß

Zubereitungszeit: 20 Minuten

Zutaten:

300 g Karotten
Etwa 400 g Kürbis
40 g Butter
1 EL Salz
Ein halber Teelöffel Muskatnuss
30 ml Kokosmilch
Pfeffer
Ggf. etwas Honig

Zubereitung:

Ein Karottenpüree ist eine sehr gute Alternative am Morgen und sorgt gleichzeitig für eine leckere Abwechslung!

1. Dafür müssen Sie einen Liter Wasser in einem Topf aufkochen lassen. Salz
hinzufügen.

2. Danach sollen die Karotten gewaschen, geschält und im Anschluss geviertelt werden.
3. Dann den Kürbis waschen, vierteln und entkernen.

4. Nun die Kürbis- und Karottenstücke in kochendes Wasser geben und etwa
10 Minuten kochen lassen.

5. Wenn die Stücke fertig sind, gießen Sie das heiße Wasser ab, lassen den
Topf aber danach noch für einige Sekunden auf der heißen Platte, um das

Wasser von dem Gemüse verdampfen zu lassen.

6. Im Anschluss das Gemüse, die Butter sowie die Muskatnuss und die Kokosmilch miteinander verrühren und dann alles zusammen pürieren.

7. Das entstandene Püree dann mit Pfeffer würzen und ggf. mit Honig versüßen.

Die Zubereitungszeit dauert etwa 20 Minuten. Ein leckeres und würziges Püree kann manchmal bei einem guten Start in den Morgen sehr weiterhelfen!

KNOBLAUCHPASTE

Nährwerte: 165 kcal, 12 g Kohlenhydrate, 6 g Fett, 3 g Eiweiß

Zubereitungszeit: 5 Minuten

Zutaten:
1 TL Salz
4 Knoblauchknollen
120 ml Olivenöl

Zubereitung:
Selbstgemacht Aufstriche schmecken besonders gut und punkten mit ihrer unglaublichen Frische!

1. Zu Beginn den Knoblauch schälen und in ein hohes Gefäß geben.

2. Danach können Sie so viel Öl hinzufügen, bis ungefähr die Hälfte des Knoblauchs im Gefäß bedeckt ist. Im Anschluss alles gut mit einem Mixer verrühren und danach mit dem Salz verfeinern.

3. Zuletzt den Aufstrich in verschließbare Behälter füllen und wieder gut mit Olivenöl bedecken.

4. Für eine Stunde im Kühlschrank lassen.

FRISCHE ROTE BEETE

Nährwerte: 190 kcal, 16 g Kohlenhydrate, 14 g Fett, 5 g Eiweiß

Zubereitungszeit: 50 Minuten

Zutaten:

3 rote Beete
1 Fenchel
Eine halbe Orange
 Salz
Pfeffer
2 EL Butter

Zubereitung:

Auch frische rote Beete ist ein angenehmes Gericht am Morgen, welches den Aufwand definitiv wert ist!

1. Hier müssen Sie zuerst den Ofen auf 180 Grad vorheizen. Danach die rote Beete schälen und in kleine Würfel schneiden.

2. Im Anschluss den Fenchel waschen, schälen und vierteln. Die Viertel sollen dann in Scheiben geschnitten werden.
3. Nun auch die Orange schälen und ihr Fruchtfleisch in mundgerechte Stücke schneiden.

4. Die Butter schmelzen und zusammen mit dem Gemüse und den Obststücken in einer Schüssel verrühren.

5. Das Ganze mit Pfeffer und Salz würzen und die Mischung auf ein Backpapier legen.

6. Nun das Backblech für etwa 30 Minuten in den Ofen geben.

Die Zubereitungszeit dauert etwa 50 Minuten. Ein perfektes Gericht, falls Sie mal am Morgen etwas mehr Zeit haben!

BLUMENKOHL-REIS

Nährwerte: 100 kcal, 4 g Kohlenhydrate, 9 g Fett, 4 g Eiweiß

Zubereitungszeit: 15 Minuten

Zutaten:

1 Blumenkohl
1 EL Fett
 Salz
Pfeffer

Zubereitung:

Dieses Rezept ist schnell gemacht und erfordert nur wenig Aufwand. Zudem ist es auch noch sehr gesund und enthält fast gar kein Histamin.

1. Zuerst müssen Sie die Blätter von dem Blumenkohl abreißen und den Kohl anschließend in relativ große Stücke schneiden.

2. Im Anschluss dann diese großen Stücke mit einem Mixer in feine und besonders kleine Stücke zerkleinern.

3. Das Fett in einer Pfanne auf mittlerer Stufe erhitzen und die Blumenkohlstücke dazugeben.

4. Nun Salz und Pfeffer hinzufügen und im Anschluss etwa 5-10 Minuten in der Pfanne braten.

Die Zubereitungszeit dauert hier nur 15 Minuten. Ein perfektes Gericht für etwas Gesundes und Schnelles in den frühen Morgenstunden!

PFEFFERMINZ-SMOOTHIE

Nährwerte: 164 kcal, 36 g Kohlenhydrate, 3 g Fett, 4 g Eiweiß

Zubereitungszeit: 5 Minuten

Zutaten:

1 Pfefferminzblatt (frisch)
200 ml Kokosmilch (Bio)
200 g frische Heidelbeeren

Zubereitung:

Smoothies sind besonders im Sommer eine perfekte Gelegenheit, um schnell mal etwas Frisches zu sich zu nehmen! Die Smoothies benötigen nur minimalen Aufwand und schmecken unglaublich gut!

Hierbei müssen Sie lediglich alle Zutaten zusammen in einen Mixer geben und alles so lange mixen, bis eine für Sie passende Konsistenz erreicht ist.

GURKEN-AUFSTRICH

Nährwerte: 165 kcal, 12 g Kohlenhydrate, 6 g Fett, 3 g Eiweiß

Zubereitungszeit: 5 Minuten

Zutaten:

70 g Joghurt
70 g Quark
Etwas Salz
Etwas Pfeffer
Eine halbe Gurke

Zubereitung:

Selbstgemacht Aufstriche schmecken besonders gut und punkten mit ihrer unglaublichen Frische!

1. Zu Beginn die Gurke schälen und in kleine Würfel schneiden.

2. Nun den Quark gut mit dem Joghurt verrühren.

3. Zuletzt alle Zutaten in eine große Schale geben und alles etwa 2 bis 3 Minuten gut miteinander verrühren.

GESUNDE PIZZA MIT BLUMENKOHLBODEN

Nährwerte: 500 kcal, 20 g Kohlenhydrate, 37 g Fett, 29 g Eiweiß

Zubereitungszeit: 60 Minuten

Zutaten:
Boden:

1 Blumenkohl (etwa 500 g)
5 Eier
5 EL Kokosmehl
Salz
Oregano
2 EL Olivenöl
3 EL gemahlene Mandeln
Belag:

250 ml passierte Tomaten
1 TL Thymian
Salz
Pfeffer
1 Bund Rucola
8-10 getrocknete Tomaten
80 g Schinken

Zubereitung:

Ein außergewöhnliches Frühstück muss natürlich auch mal sein! Eine Pizza für den Morgen macht sofort gute Laune und ist absolut lecker!

1. Zu Beginn müssen Sie den Ofen auf 200 Grad vorheizen.

2. Es wird mit dem Boden begonnen, für den Sie den Blumenkohl waschen und die Blätter entfernen müssen.

3. Im Anschluss wird der Blumenkohl in große Stücke zerschnitten und im Mixer dann zu kleinen Stücken zerkleinert.

4. Diese kleinen Stücke werden dann auf ein Backblech gegeben und für etwa 10 Minuten zum Trocknen in den Ofen gestellt.

5. Nachdem der Blumenkohl abgekühlt ist, wird dieser in eine Schale gegeben und mit den Eiern, dem Kokosmehl, den Mandeln sowie dem Oregano und dem Salz gut verrührt.

6. Ein Backblech mit Öl bestreichen.

7. Die Masse aus der Schüssel auf das Backblech geben, gleichmäßig verteilen und 20 Minuten backen.

8. Für den Belag müssen Sie die passierten Tomaten mit dem Oregano, dem Thymian sowie dem Salz und dem Pfeffer vermischen.

9. Die daraus entstandene Sauce dann auf dem Pizzaboden gleichmäßig verteilen.
10. Nun die Pizza wieder in den Ofen schieben und für ungefähr 5 Minuten backen.

Die Zubereitungszeit dauert hier etwa 1 Stunde, was sich aber definitiv lohnt!

LECKERER SALAT MIT WASSERMELONE

Nährwerte: 180 kcal, 10 g Kohlenhydrate, 16 g Fett, 3 g Eiweiß

Zubereitungszeit: 15 Minuten

Zutaten:
Für den Salat:

Eine halbe Salatgurke
Ein Viertel Wassermelone
Eine halbe rote Zwiebel
Etwa 10-15 frische Minzeblätter
1 Bund Rucola
8-10 getrocknete Tomaten
80 g Schinken

Für die Sauce:

2 EL Olivenöl
Etwas Salz
Etwas Pfeffer
2 EL Balsamico Essig

Zubereitung:

Natürlich dürfen auch Salate am Morgen nicht fehlen! Sie liefern uns die nötige Frische und eine gesunde Mahlzeit zu Beginn des Tages!

1. Zu Beginn die Melone von der Schale und den Kernen entfernen und in mundgerechte Stücke schneiden.

2. Danach die Gurke waschen und in Stücke schneiden.

3. Die Zwiebel schälen und ebenfalls in kleine Stücke schneiden.

4. Im Anschluss die Minze waschen und zerkleinern. Etwa 1 cm große Stücke.

5. Nun alles in eine Schüssel geben und mit Olivenöl und Essig begießen und gut umrühren.

6. Zuletzt mit Pfeffer und Salz würzen und noch einmal umrühren.

Die Zubereitungszeit dauert hier etwas 15 Minuten. Schnell gemacht und unglaublich lecker!

SALAT MIT BLUMENKOHL UND REIS

Nährwerte: 478 kcal, 22 g Kohlenhydrate, 41 g Fett, 11g Eiweiß

Zubereitungszeit: 20 Minuten

Zutaten:

Für den Salat:

1 gelbe Paprikaschote
2 Karotten
Einen halben Blumenkohl
Eine halbe Gurke
5 Radieschen
1 Zwiebel

Für die Sauce:

2 EL Olivenöl
Etwas Salz
Etwas Pfeffer
Saft von einer Zitrone

Zubereitung:

Hier gibt es eine zweite Salatvariante, um für etwas Abwechslung zu sorgen!

1. Zuerst den Blumenkohl waschen und dessen Blätter entfernen.

2. Die Röschen des Blumenkohls in große Stücke schneiden und dann mit einem Mixer pürieren.

3. Dann den Blumenkohl in einen Topf mit Wasser geben und etwa 2 Minuten in die Mikrowelle stellen.

4. Das weitere Gemüse waschen, Paprikaschoten entkernen und alles in

Würfel schneiden.

5. Nun alles in eine Schüssel geben und mit Olivenöl begießen.

6. Salz und Pfeffer hinzufügen und alles gründlich umrühren.

Die Zubereitungszeit dauert hier etwa 20 Minuten. Auch dieser Salat erfordert nicht viel Zeit und Aufwand, was ihn natürlich zu einer perfekten Alternative für den Morgen macht!

KÜRBIS-AUFSTRICH

Nährwerte: 190 kcal, 19 g Kohlenhydrate, 8 g Fett, 3 g Eiweiß

Zubereitungszeit: 5 Minuten

Zutaten:

Eine halbe Zwiebel
150 g Kürbis
Etwas Salz
Etwas Pfeffer
125 g Sauerrahm
Frische Petersilie

Zubereitung:

Selbstgemacht Aufstriche schmecken besonders gut und punkten mit ihrer unglaublichen Frische!

1. Zu Beginn den Kürbis schälen, in kleine Würfel schneiden und anschließend für einige Minuten in einem Topf mit Wasser kochen lassen, bis der Kürbis weich wird. Währenddessen die Zwiebeln und den Knoblauch schälen und in kleine Stücke zerkleinern.

2. Die Petersilie in kleine Stücke hacken. Zuletzt alle Zutaten in einen Mixer geben und solange pürieren, bis die passende Konsistenz erreicht ist.

LECKERER MORGENSALAT

Nährwerte: 340 kcal, 25 g Kohlenhydrate, 26 g Fett, 6 g Eiweiß

Zubereitungszeit: 15 Minuten

Zutaten:
Für den Salat:

Ein Viertel Weißkohl
Eine Selleriestange
Ein Apfel
Eine halbe Paprikaschote

Für die Sauce:

3 EL Olivenöl
Etwas Salz
Etwas Pfeffer
Saft von einer Zitrone
1 EL Honig

Zubereitung:

Und eine dritte Salatvariante, damit Sie mehr Auswahl im Salatbereich bekommen!

1. Zu Beginn den Kohl und den Sellerie gründlich waschen und den Apfel entkernen.

2. Danach alles mit einem Hobel in kleine dünne Streifen hobeln.

3. Nun die Paprika waschen und entkernen und im Anschluss in kleine Stücke schneiden.

Für die Sauce:

1. Alles Zutaten in ein verschließbares Glas geben und gut durchschütteln.

2. Danach die entstandene Soße auf den Salat gießen und gut umrühren.

Die Zubereitungszeit dauert hier etwa 15 Minuten. Dieser Salat hat einen besonders einzigartigen Geschmack und erfordert nur wenig Zubereitungszeit!

COLESLAW-SALAT MIT ÄPFELN

Nährwerte: 340 kcal, 25 g Kohlenhydrate, 26 g Fett, 6 g Eiweiß

Zubereitungszeit: 15 Minuten

Zutaten:

Für den Salat:

Ein Viertel Weißkohl
Eine Seleriestange
Ein Apfel
Eine halbe Paprikaschote

Für die Soße:

3 EL Olivenöl
Etwas Salz
Etwas Pfeffer
Saft von einer Zitrone
1 EL Honig

Zubereitung:

Und eine weitere sehr leckere und besonders frische Salatvariante!

1. Zu Beginn den Kohl und den Sellerie gründlich waschen und den Apfel entkernen.

2. Danach alles mit einem Hobel in dünne Streifen hobeln.

3. Nun die Paprika waschen und entkernen und im Anschluss in kleine Stücke schneiden.

Die Soße:

1. Alles Zutaten in ein verschließbares Glas geben und gut durchschütteln.

2. Danach die entstandene Soße auf den Salat gießen und gut umrühren.

„ÜBER-NACHT"-FRÜHSTÜCK

Nährwerte: 330 kcal, 47 g Kohlenhydrate, 12 g Fett, 11 g Eiweiß

Zubereitungszeit: 10 Minuten

Zutaten:

1 Apfel
Saft von zwei Zitronen
80 g Haferflocken
20 g getrockneter Apfel
20 Cranberries
150 g Joghurt
20 g gemahlene Haselnüsse
200 ml Milch

Zubereitung:

Die Besonderheit dieses Frühstückes ist, dass es über Nacht im Kühlschrank stehen bleiben muss, bis es komplett fertig ist. Der Vorteil: Sie müssen morgens nichts mehr zubereiten!

1. Fangen Sie schon am Vortag mit der Zubereitung an.

2. Zuerst müssen Sie den Apfel waschen, schälen und zerreiben.

3. Danach Zitronensaft auf den geriebenen Apfel geben und die Cranberries, den Joghurt, die Haselnüsse sowie die Milch und die Haferflocken in ein verschließbares Glas geben.

4. Alles gut umrühren und daraufhin für eine Nacht in den Kühlschrank stellen.

Die Zubereitungszeit dauert hier nur 10 Minuten und man hat am nächsten Tag ein äußerst leckeres Frühstück parat!

MORGEN-SMOOTHIE

Nährwerte: 116 kcal, 26 g Kohlenhydrate, 3 g Fett, 3 g Eiweiß

Zubereitungszeit: 5-10 Minuten

Zutaten:

1 Apfel
Etwa 25 g Haferlocken
Einen halben TL Zimt
Eine halbe Banane
400 ml Milch

Zubereitung:

Auch ein Smoothie am Morgen ist eine leckere und sehr gesunde Alternative zum Mitnehmen und mal eine erfrischende Abwechslung!

1. Waschen Sie zuerst den Apfel und schneiden Sie ihn im Anschluss in kleine Stücke.

2. Auch die Banane muss geschält und in kleine Stücke geschnitten werden.

3. Nun die Bananen- und Apfelstücke zusammen mit den Haferflocken, dem Zimt und der Milch in einen Mixer geben und alles pürieren.

4. Nun alles in zwei Gläser füllen und für einige Minuten in den Kühlschrank stellen.

Die Zubereitungszeit dauert nur 5-10 Minuten! Falls man es am Morgen also eilig hat und trotzdem etwas auf den Weg mitnehmen möchte, ist das eine perfekte Variante!

KLEINER MORGENJOGHURT

Nährwerte: 400 kcal, 28 g Kohlenhydrate, 7 g Fett, 7 g Eiweiß

Zubereitungszeit: 20 Minuten

Zutaten:

Eine Orange
4-6 Aprikosen
Eine Zitrone
Etwa 200g Joghurt
10 g Mandeln
1 TL Agavendicksaft
Eine halbe gemahlene Vanille

Zubereitung:

Auch ein kleiner Joghurt ist eine gute Abwechslung am Morgen. Noch dazu ist er sehr Geschmacksintensiv und bietet ein gesundes, leckeres Frühstück!

1. Zu Beginn müssen Sie die Zitronenschale abreiben und den Saft der Zitrone herauspressen. Beides in zwei Schalen auffangen.
2. Im Anschluss auch den Saft der Orange herauspressen.

3. Danach die Aprikosen waschen, entkernen und in kleine Stücke schneiden.

4. Nun den Zitronen- und Orangensaft, die Aprikosen sowie die gemahlene Vanille und die geriebene Zitronenschale zusammen aufkochen lassen.

5. Ungefähr 5 Minuten kochen lassen und dann den Agavendicksaft dazugeben.

6. Danach alles für einige Minuten abkühlen lassen.

7. Nun können Sie währenddessen die Mandeln in kleine Stücke zerhacken und in den Joghurt mischen.

8. Zum Schluss füllen Sie den Joghurt in zwei Gläser und kippen danach das Aprikosenkompott drüber.

9. Fertig ist der Joghurt!

INGWERSUPPE

Nährwerte: 228 kcal, 23 g Kohlenhydrate, 13 g Fett, 7 g Eiweiß

Zubereitungszeit: 20 Minuten

Zutaten:

Eine Kartoffel
Eine Orange
Etwa 450 g Kartoffeln
700 ml Wasser
Etwas Petersilie
Meersalz
Ingwer

Zubereitung:

Eine leckere Suppe am Morgen ist gut für den Kreislauf und enthält dazu viele gesunde Zutaten, die sehr sättigend und natürlich lecker sind!

1. Zuerst müssen Sie die Karotten und Kartoffeln waschen und danach in kleine Stücke schneiden

2. Danach ein Drittel der Karotten entsaften.
3. Die übrigen Karotten und Kartoffeln können Sie dann in kochendem Wasser etwa 10 Minuten lang weichkochen lassen.

4. Die daraus entstandene Suppe dann in einem Mixer zusammen mit dem Ingwer pürieren.

5. Danach den Karottensaft in das Püree hinzufügen und mit Salz würzen.

6. Nun alles mit einigen Spritzen Orangensaft und etwas Petersilie ergänzen.

7. Fertig ist die Suppe!

Die Zubereitungszeit dauert hier etwa 20 Minuten! Die Suppe bietet einen intensiven Geschmack und ist besonders am Morgen eine sehr entspannende Alternative mit wenig Aufwand!

KOHLRABI SUPPE

Nährwerte: 231 kcal, 49 g Kohlenhydrate, 2 g Fett, 6 g Eiweiß

Zubereitungszeit: 10 Minuten

Zutaten:

0,5 Liter Gemüsebrühe
Etwas Salz
Grober Pfeffer
Ein halber Teelöffel Muskatnuss (gerieben)
2 Kohlrabis
75 g Schmand

Zubereitung:

Auch eine warme Suppe ist ein unglaublich leckerer Snack für zwischendurch!

1. Zu Beginn die Kohlrabi in Stücke schneiden und diese in einem Topf kochen lassen bis sie weich sind, danach pürieren. Nun den Schmand und die Sahne hinzufügen und alle gut miteinander umrühren.

2. Zuletzt auch die Muskatnuss dazugeben und alle mit Salz und Pfeffer verfeinern.

KRÄUTEROMELETT

Nährwerte: 500 kcal, 4 g Kohlenhydrate, 40 g Fett, 39 g Eiweiß

Zubereitungszeit: 10 Minuten

Zutaten:

2 Eier
1 kleines Stück Butter
Ein halber Bund Petersilie
Salz
Ein halber Bund Schnittlauch

Zubereitung:

Ein Omelett ist schnell gemacht, enthält viel Eiweiß und ist natürlich fast histaminfrei! Besser gehts nicht!

1. Zuerst müssen Sie die Butter in der Pfanne schmelzen lassen.

2. Danach die Eier in einer Schüssel zerschlagen und mit etwas Salz und Pfeffer würzen.

3. Nun gut vermischen und dann in die Pfanne geben.

4. Einige Minuten bei mittlerer Hitze braten lassen. Wenn das Ei stockt, Kräuter darauf verteilen.

5. Nach einigen Minuten in der Pfanne das Omelette in der Mitte zusammenklappen und noch kurz in der Pfanne lassen.

6. Fertig ist es!

Für ein schnelles und ausgewogenes Frühstück, fast ohne Histamin ist dieses Gericht somit bestens geeignet!

ZWIEBEL AUFSTRICH

Nährwerte: 171 kcal, 15 g Kohlenhydrate, 4 g Fett, 4 g Eiweiß

Zubereitungszeit: 5 Minuten

Zutaten:

1 EL Sahne
Etwas Salz
Etwas Pfeffer
3 mittelgroße Zwiebeln
250 g Frischkäse

Zubereitung:

Selbstgemacht Aufstriche schmecken besonders gut und punkten mit ihrer unglaublichen Frische!

1. Zu Beginn die Enden der Zwiebeln abschneiden und die Zwiebeln selbst in kleine Stücke schneiden.

2. Danach alle Zutaten in einen Mixer geben und dort so lange pürieren, bis die gewünschte Konsistenz erhalten ist.

BANANEN-KIRSCH-SMOOTHIE

Nährwerte: 164 kcal, 36 g Kohlenhydrate, 1 g Fett, 2 g Eiweiß

Zubereitungszeit: 5 Minuten

Zutaten:

15 bis 20 Kirschen (entkernt)
1 Banane
100 ml Kokosmilch

Zubereitung:

Smoothies sind besonders im Sommer eine perfekte Gelegenheit, um schnell mal etwas Frisches zu sich zu nehmen! Die Smoothies benötigen nur minimalen Aufwand und schmecken unglaublich gut!

1. Zu Beginn muss die Banane in kleine Stücke geschnitten werden. Nun die geschnittene Banane zusammen mit den restlichen Zutaten in einen Mixer geben und alles so lange mixen, bis eine für Sie passende Konsistenz erreicht ist.

HIMBEER MUFFINS

Nährwerte: 259 kcal, 35 g Kohlenhydrate, 12 g Fett, 7 g Eiweiß

Zubereitungszeit: 60 Minuten

Zutaten:

150 g brauner Zucker
250 g Mehl
1 Ei
0,5 TL Backnatron
200 ml Buttermilch
150 g frische Himbeeren
70 g Rohrzucker
0,5 TL Salz
0,5 TL Zimt
1 TL Vanilleextrakt
80 g Pflanzenöl

Zubereitung:

Dieses Rezept gehört zu den etwas Aufwendigeren. Es ist perfekt für einen gemeinsamen „Kochmorgen" mit der Familie oder falls man doch etwas mehr Zeit in ein leckeres Frühstück investieren möchte!

1. Zu Beginn sollten Sie den Ofen auf 180 Grad vorheizen. Danach müssen Sie die Muffinbleche entweder einfetten oder mit kleinen Papierförmchen belegen.

2. Nun das Mehl, den Zucker sowie das Backnatron und das Salz miteinander vermischen. Im Anschluss auch die Himbeeren zu der Masse zugeben.

3. Nun können Sie in einer zweiten Schüssel das Ei, die Buttermilch und das

Öl mit dem Vanilleextrakt vermischen.

4. Die entstandene Mischung zu der Mehlmischung hinzugeben und gut miteinander verrühren.

5. Nun können Sie den Teig mit einem Löffel in die Muffinformen einfüllen und alles für 20-25 Minuten in den Ofen geben. Zum Schluss etwa 10 Minuten abkühlen lassen.

Die Muffins schmecken sehr intensiv und sind eine schöne Bereicherung für den entspannten Morgen!

FITNESS-SMOOTHIE

Nährwerte: 176 kcal, 33 g Kohlenhydrate, 2 g Fett, 4 g Eiweiß

Zubereitungszeit: 5 Minuten

Zutaten:

200 g Birnen
4 EL Haferflocken
6 EL Joghurt (fettarm)
2 EL Zitronensaft

Zubereitung:

Smoothies sind besonders im Sommer eine perfekte Gelegenheit, um schnell mal etwas Frisches zu sich zu nehmen! Die Smoothies benötigen nur minimalen Aufwand und schmecken unglaublich gut!

1. Zu Beginn muss die Birne in kleine Stücke geschnitten werden. Nun die geschnittene Birne zusammen mit den restlichen Zutaten in einen Mixer geben und alles so lange mixen, bis eine für Sie passende Konsistenz erreicht ist.

GURKEN AUFSTRICH

Nährwerte: 180 kcal, 15 g Kohlenhydrate, 2 g Fett, 7 g Eiweiß

Zubereitungszeit: 5 Minuten

Zutaten:

200 g Gurken
Etwas Salz
Etwas Pfeffer
125 g frischer Hüttenkäse

Zubereitung:

Selbstgemacht Aufstriche schmecken besonders gut und punkten mit ihrer unglaublichen Frische!

1. Zu Beginn die Gurke schälen und diese der Länge nach halbieren. Danach das Fruchtfleisch der Gurke fein zerkleinern.

2. Zuletzt das Fruchtfleisch zusammen mit den anderen Zutaten gut miteinander vermischen, bis eine gleichmäßige Konsistenz entsteht.

LECKERE ZIMTSCHNECKEN

Nährwerte: 300 kcal, 38 g Kohlenhydrate, 12 g Fett, 5 g Eiweiß

Zubereitungszeit: 120 Minuten

Zutaten:

3 TL Zimt
7 g Trockenhefe
600 ml Milch
100 g geschmolzene Butter
1 TL Salz
300 g Mehl
2 gerührte Eier
2 EL Zucker
2 EL Mohn
170 g feiner Zucker

Zubereitung:

Auch dieses Rezept ist perfekt für einen schönen Kochmorgen mit der ganzen Familie.

1. Zu Beginn sollten Sie den Ofen auf 180 Grad vorheizen. Danach die Milch in einem Topf erhitzen, bis sie warm ist und im Anschluss in eine Schale geben.

2. Nun die Hefe und etwa 35 g des Zuckers in die Milch geben und alles verrühren.

3. Alles für etwa 10 Minuten stehen lassen.

4. Dann können Sie das restliche Mehl, den Zucker, den Salz sowie die Eier

und die geschmolzene Butter zu der entstandenen Mischung hinzufügen und zu einem glatten Teig kneten.

5. Im Anschluss den Teig stark durchkneten, bis er weich wird.

6. Den weichen Teig in einer geölten Schüssel etwa eine halbe Stunde stehen lassen.

7. Danach den Teig noch einmal kurz kneten und dann auf einem Stück Backpapier flachdrücken, bis der Teig etwa 30 x 45 cm Größe hat.

8. Nun den feinen Zucker mit dem Zimt vermischen und auf dem Teig verteilen. Danach können Sie den Teig der Breite nach aufrollen und Scheiben von 2 cm von der großen Rolle abschneiden.
9. Die kleinen Rollen dann auf ein Backblech mit Backpapier legen und mit einem Tuch abdecken.

10. Die Schnecken etwa eine halbe Stunde gehen lassen.

11. Dann alles mit Milch betupfen und für 15-20 Minuten in den Ofen geben.

Die Zubereitungszeit dauert hier etwa zwei Stunden, was sich aber definitiv lohnt!

FRISCHKÄSE AUFSTRICH

Nährwerte: 180 kcal, 15 g Kohlenhydrate, 2 g Fett, 7 g Eiweiß

Zubereitungszeit: 10 Minuten

Zutaten:

200 g Radieschen
100 g Quark
3 Stücke Schnittlauch
100 g Frischkäse
Etwas Pfeffer
Etwas Salz

Zubereitung:

Selbstgemacht Aufstriche schmecken besonders gut und punkten mit ihrer unglaublichen Frische!

1. Zu Beginn die Radieschen sowie den Schnittlauch in Scheiben schneiden.

2. Danach den Frischkäse zusammen mit dem Quark verrühren. Die Radieschen und den Schnittlauch in die Mischung dazugeben.Zuletzt alles mit Pfeffer und Salz verfeinern.

FRÜHSTÜCKSSALAT

Nährwerte: 350 kcal, 20 g Kohlenhydrate, 27 g Fett, 18 g Eiweiß

Zubereitungszeit: 10 Minuten

Zutaten:

60 ml Olivenöl
Etwas Salz
Eine Zitronenschale
1 EL Zitronensaft
150 g grüne Bohnen
100 g Zuckerschoten
2 EL gehackte Petersilie
50 g Pinienkerne (geröstet)
100 g Erbsen
170 g feiner Zucker

Zubereitung:

Ein kleiner frischer Salat ist schnell gemacht, absolut gesund und liefert Ihnen die nötigen Nährstoffe!

1. Zuerst geben Sie den Zitronensaft und das Olivenöl in eine Schüssel und würzen mit Salz und Pfeffer. Alles gut miteinander vermischen.

2. Nun Wasser im Topf zum Kochen bringen und die Zuckerschoten, die Bohnen sowie die Erbsen darin kochen.

3. Das heiße Wasser danach abgießen und den Topf mit dem Gemüse kurz wieder mit kaltem Wasser füllen, um das Gemüse abzuschrecken. Das Wasser wieder abgießen.

4. Alles in das fertige Dressing mischen und mit den Pinienkernen und der Petersilie verzieren.

Die Zubereitungszeit dauert nur etwa 10 Minuten und eignet sich perfekt für ein gesundes und ausgewogenes Frühstück!

SALAT MIT ROTER BEETE

Nährwerte: 300 kcal, 16 g Kohlenhydrate, 23 g Fett, 15 g Eiweiß

Zubereitungszeit: 15 Minuten

Zutaten:

Etwas Zitronensaft
2 EL Olivenöl
200 g Frischkäse
4 rote Beete Knollen
30 g gehackte Petersilie
1 EL Zitronenthymian-Blätter
1 EL Gewürzsumak

Zubereitung:

Natürlich braucht man auch manchmal mehrere Varianten an Salaten, damit das Frühstück nicht zu eintönig wird! Aus diesem Grund passt ein rote Beete Salat hier perfekt!

1. Zu Beginn soll der Backofen auf 200 Grad vorgeheizt und die rote Beete geschält und in kleine Stücke geschnitten werden.

2. Danach die Würfel zusammen mit dem Thymian, dem Olivenöl und dem Sumak in eine Schüssel geben und alles so lange wenden, bis die rote Beete komplett mit dem Gewürzöl bedeckt ist.

3. Nun die Würfel in eine Backform geben und mit Alufolie abdecken.

4. Alles etwa 30 Minuten backen und danach etwa 10 Minuten abkühlen lassen.

5. Danach die rote Beete mit dem Zitronensaft und den restlichen Kräutern in einer Schüssel gut umrühren.

6. Zuletzt den Salat in eine Schüssel geben und mit dem Schafskäse bedecken.

Die Zubereitungszeit dauert ungefähr 15 Minuten. Der Salat bietet einen sehr intensiven Geschmack und punktet mit einer kurzen Zubereitungszeit!

KAROTTEN-AUFSTRICH

Nährwerte: 170 kcal, 15 g Kohlenhydrate, 2 g Fett, 7 g Eiweiß

Zubereitungszeit: 10 Minuten

Zutaten:

1 Karotte
Etwas Salz
Etwas Pfeffer
125 g Quark
Eine halbe Zwiebel
100 g Sauerrahm

Zubereitung:

Selbstgemacht Aufstriche schmecken besonders gut und punkten mit ihrer unglaublichen Frische!

1. Zu Beginn die Karotte schälen und in Streifen reiben. Danach die Zwiebel in kleine Würfel schneiden.

2. Alle Zutaten gut miteinander verrühren, bis eine gleichmäßige Konsistenz entsteht. Nach Belieben mit einem Mixer pürieren.

BLAUBEEREN-SMOOTHIE

Nährwerte: 170 kcal, 15 g Kohlenhydrate, 2 g Fett, 7 g Eiweiß

Zubereitungszeit: 5 Minuten

Zutaten:

15 Chiasamen
1 Handvoll Spinat
2 Kiwis
2 Bananen
1 Ananas
200 ml Orangensaft

Zubereitung:

Smoothies sind besonders im Sommer eine perfekte Gelegenheit, um schnell mal etwas Frisches zu sich zu nehmen! Die Smoothies benötigen nur minimalen Aufwand und schmecken unglaublich gut!

1. Zu Beginn die Kiwi, die Bananen und die Ananas schälen und in kleine Stücke schneiden. Danach alle Zutaten in einen Mixer geben und alles so lange mixen, bis eine für Sie passende Konsistenz erreicht ist.

SALAT MIT MANGO

Nährwerte: 280 kcal, 17 g Kohlenhydrate, 20 g Fett, 16 g Eiweiß

Zubereitungszeit: 15-20 Minuten

Zutaten:

1 TL braune Senfkörner
2 EL Olivenöl
1 kleine Gurke
2 EL Zitronensaft
2 EL Apfelessig
Ein halber Teelöffel Kurkuma
Ein halber Teelöffel rote Chiliflocken
100 g Schalotten
2 in Stücke geschnittene Mangos
80 g Cashewkerne

Zubereitung:

Und eine weitere Salatvariante muss natürlich auch dabei sein! Ihr Vorteil: er ist schnell gemacht, sehr gesund und schmeckt dazu noch unglaublich gut! Diese Alternative ist etwas ausgefallener!

1. Dazu müssen Sie das Olivenöl in einer Pfanne erhitzen und im Anschluss die braunen Senfkörner hinzugeben und sie so lange braten, bis sie anfangen zu platzen.

2. Als nächstes können Sie die Schalotten in die Pfanne geben und sie so lange braten, bis sie weich werden.

3. Dann auch die Chiliflocken, den Kurkuma und ein bisschen Salz in die Pfanne geben.

4. Danach auch Essig und Zitronensaft hinzufügen und alles gut in der Pfanne vermischen.

5. Wenn alles fertig ist, die Pfanne vom Herd nehmen und den Inhalt in eine passende Schüssel geben.

6. Nun auch die geschnittenen Mangostücke, die Gurke und die Cashewkerne in den Salat mischen.

7. Fertig ist der Salat!

Die Zubereitungszeit dauert ungefähr 15 - 20 Minuten. Der Salat ist sehr einzigartig und bietet sehr abwechslungsreichen Geschmack!

BLUMENKOHLBURGER

Nährwerte: 293 kcal, 31 g Kohlenhydrate, 16 g Fett, 7 g Eiweiß

Zubereitungszeit: 30 Minuten

Zutaten:

Burger:

380 g Blumenkohlröschen (gewaschen)
60 g Mandeln
1 Prise Chiliflocken
2 Eier
Etwas Salz
Gemahlener schwarzer Pfeffer
60 g frischer Hartkäse (gerieben)
1 EL Erdnussöl

Artischockenstücke:

Eine halbe rote Chilischote (in Stücke geschnitten)
240 g Artischockenherzen
1 EL Erdnussöl
Gemahlener schwarzer Pfeffer
Etwas Salz
1 EL Olivenöl
1 EL Weißweinessig
3 Lauchstangen (gewaschen, in schräge Ringe geschnitten)

Zubereitung:

Kleine frische Burger sind eine perfekte Alternative für den Morgen und erfordern nicht viel Aufwand!

1. Zuerst den Blumenkohl und die Mandeln nacheinander mit einem Mixer zerkleinern (bis alles ganz fein ist) und in eine große Schale geben.

2. Danach den geriebenen Käse, das Reismehl und die Eier in die Schale

hinzufügen und alles mit Chiliflocken, Salz und Pfeffer verfeinern. Die Zutaten gut umrühren.

3. Im Anschluss die entstandene Masse mit einem Glas oder einem Ausstecher (Durchmesser 8 cm) zu kleinen Burgerpatties ausstechen und leicht platt drücken.

4. Nun können Sie eine Pfanne nehmen und diese mit Erdnussöl erhitzen.

5. Im Folgenden die Burgerpatties in die Pfanne geben und etwa 10 Minuten braten, bis sie knusprig werden. Zwischendurch wenden.
6. Währenddessen können Sie eine weitere Pfanne für die Artischockenstücke mit Erdnussöl erhitzen und die Artischockenherzen dort einige Minuten braten.

7. Nach einer Minute sollen auch die Lauchringe sowie das Chili hinzugegeben und 2 Minuten gebraten werden.

8. Im Anschluss wird dann auch der Essig mit dem Salz und dem Pfeffer hinzugefügt.

9. Für die Sauce alle Zutaten in eine Schale geben und gut miteinander verrühren.

10. Zuletzt die Burger mit der Soße und den Artischocken auf einem Teller anrichten.

Die Zubereitungszeit dauert ungefähr eine halbe Stunde.

SALAT NACH GRIECHISCHER ART

Nährwerte: 87 kcal, 9 g Kohlenhydrate, 6 g Fett, 3 g Eiweiß

Zubereitungszeit: 30 Minuten

Zutaten:

Salat:

1 EL Olivenöl
Etwas Salz
40 g frische grüne Oliven (entsteint)
40 g frische schwarze Oliven (entsteint)
250 g Feta (in Würfeln)
Gemahlener schwarzer Pfeffer
100 g rote Zwiebeln (geschält, in Ringe geschnitten)

Dinkelküchlein:

1 Ei
Ein halber Teelöffel Backpulver
Eine Prise Salz
30 g gewaschene Basilikumblätter
100 ml Milch
Pflanzenöl (zum Braten)
80 g Dinkelmehl

Zubereitung:

Dieser Salat ist was Außergewöhnliches und erfordert deshalb etwas mehr Aufwand, der sich aber definitiv lohnt!

1. Dafür einen Topf nehmen, das Ei, die Basilikumblätter und die Milch dazugeben und anschließend alles gut pürieren, bis die Mischung eine etwas grüne Farbe annimmt.

2. Im Anschluss das Salz, das Backpulver und das Mehl hinzufügen und alles gut miteinander vermischen. Nun können Sie eine Pfanne nehmen und darin

etwas Öl erhitzen.

3. Den fertigen grünen Teig mit einem Löffel zu kleinen Küchlein in die Pfanne geben und diese einige Minuten backen lassen.

4. Währenddessen können Sie für den Salat eine kleine Schale nehmen und die Zwiebelringe zusammen mit dem Salz, dem Pfeffer und dem Olivenöl miteinander vermengen.

5. Nach dem umrühren die Oliven und den Feta hinzugeben und wieder alles miteinander vermengen.

6. Zuletzt den Salat mit den Küchlein auf einem Teller anrichten.

GEBRATENER ZANDER

Nährwerte: 140 kcal, 1 g Kohlenhydrate, 6 g Fett, 21 g Eiweiß

Zubereitungszeit: 20 Minuten

Zutaten:

Fisch:

260 g Zanderfilet (in 2 Stücke geschnitten, ohne Gräten)
Etwas Salz
Ein halber Teelöffel Kokosöl

Salsa:

1 rote Chilischote (in Würfel geschnitten)
7 Korianderstängel
Etwas Salz
Gemahlener Pfeffer
450 g Papaya (in Würfel geschnitten)
1 Limette (Schale abgerieben, Saft ausgepresst)
100 g rote Zwiebeln (in Würfel geschnitten)

Zubereitung:

Auch frischer Fisch kann eine gute Mahlzeit am Morgen sein. Er ist schnell gemacht und enthält viele wichtige Vitamine!

1. Zuerst etwas Kokosöl in einer Pfanne erwärmen, den Fisch etwas salzen und mit der Hautseite etwa 4 bis 5 Minuten bei mittlerer Hitze in die Pfanne legen.

2. Nach 5 Minuten den Zander umdrehen und auf der anderen Seite ungefähr 3 Minuten braten lassen.

3. Nachdem beide Seiten gebraten sind, die Pfanne vom Herd nehmen und den Zander einige Minuten abkühlen lassen.

4. Währenddessen können Sie die Zwiebel, die Papaya, das Chili sowie die Limettenschale, den Koriander und den Limettensaft in einer großen Schale gut verrühren.

5. Im Anschluss alles mit Pfeffer und Salz würzen.

6. Zuletzt den Fisch zusammen mit dem Salat auf einem Teller servieren.

GEMÜSE-CURRY FRÜHSTÜCK

Nährwerte: 273 kcal, 21 g Kohlenhydrate, 18 g Fett, 8 g Eiweiß

Zubereitungszeit: 60 Minuten

Zutaten:

1 Zwiebel (geschält, in Ringe geschnitten)
Eine halbe rote Chilischote (in Ringe geschnitten)
2 TL Currypulver
Eine Prise Chiliflocken
70 g Vollkornreis-Nudeln
Etwas Salz
Gemahlener schwarzer Pfeffer
200 g Kokosmilch
1 EL Kokosöl
1 große, lange Papaya
2 Knoblauchzehen (halbiert und gehackt)
Eine halbe rote Paprikaschote (in Streifen geschnitten)
Eine halbe gelbe Paprikaschote (in Streifen geschnitten)
150 g Zucchini (in Würfel geschnitten)
1 TL Honig
Eine halbe Fenchelknolle (in Streifen geschnitten)

Zubereitung:

Dieses Rezept ist besonders passend, wenn Sie mal vorhaben, etwas ganz Besonderes und Einzigartiges zu kochen! Das Rezept erfordert viel Aufwand und viele Zutaten, lohnt sich aber durchaus!

1. Zu Beginn können Sie Backpapier nehmen und damit ein kleines Backblech belegen. Den Ofen auf 230 Grad (Umluft) vorheizen.

2. Währenddessen sollen die Reisnudeln in einem Topf gekocht und später durch ein Sieb abgegossen werden.

3. Als nächstes die Papaya der Länge nach in zwei Hälften schneiden und die Kerne entfernen.

4. Im Anschluss die Hälften mit der Außenseite auf das Backblech legen, damit man die Papaya im weiteren Verlauf gut befüllen kann.

5. Nun die Papaya für einige Minuten im Ofen lassen.

6. In der Zwischenzeit das Kokosöl in einem Wok warm machen und das Chili, die Zwiebeln und den Knoblauch hinzufügen und kurz anbraten lassen.

7. Danach können auch der Fenchel und die Paprika hinzugegeben werden.

8. Alles eine weitere Minute braten lassen und im Folgenden dann auch die Gewürze, etwas Salz und die Zucchiniwürfel hinzufügen.

9. Alle Zutaten gut miteinander vermischen und nun auch den Reissirup sowie die Kokosmilch dazugeben.

10. Zuletzt können Sie die gekochten Reisnudeln in den Wok geben, alles gut vermengen und in die Papaya füllen.

SMOOTHIE – EXTRA GESUND

Nährwerte: 176 kcal, 33 g Kohlenhydrate, 2 g Fett, 4 g Eiweiß

Zubereitungszeit: 5 Minuten

Zutaten:

1 Apfel
2 EL frischer Ingwer
2 Zitronen (gepresst)
1 Liter Maracujasaft
2 TL Honig

Zubereitung:

Smoothies sind besonders im Sommer eine perfekte Gelegenheit, um schnell mal etwas Frisches zu sich zu nehmen! Die Smoothies benötigen nur minimalen Aufwand und schmecken unglaublich gut!

1. Zu Beginn muss der Apfel in kleine Stücke geschnitten werden. Nun den geschnittenen Apfel zusammen mit den restlichen Zutaten in einen Mixer geben und alles so lange mixen, bis eine für Sie passende Konsistenz erreicht ist.

FRUCHT-SMOOTHIE

Nährwerte: 160 kcal, 21 g Kohlenhydrate, 2 g Fett, 7 g Eiweiß

Zubereitungszeit: 5 Minuten

Zutaten:

Ein Achtel einer Honigmelone
1 Banane
1 Zitronenspritzer
100 g Blaubeeren
5 Minzblätter
15 g Chiasamen

Zubereitung:

Smoothies sind besonders im Sommer eine perfekte Gelegenheit, um schnell mal etwas Frisches zu sich zu nehmen! Die Smoothies benötigen nur minimalen Aufwand und schmecken unglaublich gut!

1. Zu Beginn die 15 g Chiasamen mit 125 ml Wasser verrühren und diese einige Minuten stehen lassen. Nun die Melone und die Banane in Stücke schneiden. Danach alle Zutaten in einen Mixer geben und alles so lange mixen, bis eine für Sie passende Konsistenz erreicht ist.

Hauptgerichte

RINDFLEISCHCURRY

Nährwerte: 538 kcal, 25 g Kohlenhydrate, 29 g Fett, 47 g Eiweiß

Zubereitungszeit: 30 Minuten

Zutaten:

1 Zwiebel
400 g Rindfleisch
1 Mango
2 TL Currypulver
1-2 Bananen
2 Knoblauchzehen
Etwas Salz
1 Paprikaschote (rot)
Etwas Pfeffer

Zubereitung:

Dieses Gericht ist eine wahre Spezialität und besonders lecker und geschmacksintensiv!

1. Zuerst das Rindfleisch in dünne Streifen schneiden. Danach die Zwiebeln schälen und in Würfel schneiden.

2. Im Anschluss können Sie dann die Paprikaschote und die Mango waschen, entkernen und in Würfel schneiden.

3. Dann auch die Bananen von der Schale entfernen und in dünne Scheiben schneiden.

4. Den Knoblauch können Sie abziehen und pressen.

5. Nun das Kokosöl, die Zwiebelwürfel und den Knoblauch in einer Pfanne bei mittlerer Hitze etwas braten und regelmäßig umrühren.

6. Im Anschluss auch das Fleisch in die Pfanne geben und noch einmal 5 Minuten braten lassen.

7. Zum Schluss die Bananen, die Mango- und Paprikawürfel dazugeben und das Ganze mit Curry, Salz und Pfeffer würzen.

Die Zubereitungszeit dauert ungefähr eine halbe Stunde. Das Gericht erfordert nicht viel Aufwand, schmeckt aber hervorragend!

KNUSPRIGES LAMMKARREE

Nährwerte: 112 kcal, 1 g Kohlenhydrate, 4 g Fett, 21 g Eiweiß

Zubereitungszeit: 40 Minuten

Zutaten:

2 EL Sesam
2 EL Balsamicoessig
4 Lammkarrees (aus 4 Koteletts bestehend)
2 EL Olivenöl
Eine Handvoll glatte Petersilie (gehackt)
55 g Mandeln (gehackt)
2 EL Kreuzkümmelpulver
Grober Pfeffer (aus der Mühle)
1 EL Kapern (gesalzen)
400 g weiße Bohnen (abgetropft)
2 EL Petersilie (gehackt)
2 Knoblauchzehen (klein gehackt)
Etwas Salz

Zubereitung:

Ein leckeres Lammkarree ist eine sehr leckere und spezielle Variante für ein gutes Mittagessen!

1. Den Backofen auf 200 Grad vorheizen. Ggf. überschüssiges Fett von dem Lamm entfernen, falls vorhanden.

2. Nun können Sie eine kleine Schüssel nehmen und den Sesam, die Petersilie, den Knoblauch sowie die gemahlenen Mandeln, den Kreuzkümmel und das Olivenöl hinzufügen. Im Anschluss die Mischung mit dem schwarzen Pfeffer und einem Teelöffel Salz verfeinern.

3. Danach alles gut miteinander verrühren und die entstandene Masse auf der Oberseite des Lamms verteilen. Nun können Sie eine passende Bratenform für das Lamm nehmen und alles für etwa 25 Minuten in den Ofen geben.

4. Das fertige Lamm herausnehmen und für 5 Minuten abkühlen lassen. Im Folgenden eine Schüssel nehmen und die Bohnen, das Olivenöl, die glatte Petersilie sowie die Kapern und den Essig hinzugeben und gut miteinander vermischen.

5. Zuletzt den Salat mit Pfeffer verfeinern und zusammen mit dem Lamm servieren.

HÜHNCHEN MIT FEIGEN

Nährwerte: 109 kcal, 2 g Kohlenhydrate, 3 g Fett, 23 g Eiweiß

Zubereitungszeit: 90 Minuten

Zutaten:

Etwas Salz
Eine Zimtstange
2 Zwiebeln (in Würfel geschnitten)
2 TL geriebener Ingwer
60 ml Olivenöl
120 g Babyfeigen
2 Lorbeerblätter
Etwas grober Pfeffer
2 EL Zitronensaft
2 zerdrückte Knoblauchzehen
1 TL gemahlener schwarzer Pfeffer
500 g Hühnerbrühe
100 g Datteln (entsteint)
20 g Petersilie (gehackt)
10 Safranfäden

Zubereitung:

Hähnchen enthält besonders viele Nährstoffe und dazu auch noch viel Eiweiß! Dieses Rezept ist relativ schnell gemacht und schmeckt zudem wirklich gut!

1. Zu Beginn nehmen Sie einen großen Topf und erhitzen das Olivenöl auf mittlerer Stufe.

2. Im Anschluss die Zwiebeln, den Safran, den Knoblauch sowie den Ingwer und den Pfeffer hinzufügen und alle leicht anbraten lassen. Zwischendurch alles gut umrühren.

3. Nun auch das Hühnchen in der Pfanne braten, bis es goldbraun wird. Zwischendurch wenden.

4. Im Folgenden die Feigen, die Datteln, die Brühe sowie die Zimtstange und die Lorbeerblätter hinzugeben.

5. Alles gut miteinander umrühren und danach etwa eine halbe Stunde lang kochen lassen.

6. Nach 30 Minuten können Sie das Hühnchen aus der Pfanne nehmen und mit Salz und Pfeffer noch ein bisschen verfeinern.

7. Zuletzt das Hühnchen mit dem Zitronensaft und der Petersilie verfeinern.

LECKERE HAMBURGER

Nährwerte: 411 kcal, 8 g Kohlenhydrate, 28 g Fett, 23 g Eiweiß

Zubereitungszeit: 40 Minuten

Zutaten:

600 g Hackfleisch
1 kleine Zwiebel
1 Ananas
Ein halber Teelöffel Chilipulver
2 EL Kokosöl
Etwas Salz
Etwas Pfeffer
Eine Gemüsezwiebel
(Ggf. Burgerbrötchen)

Zubereitung:

Ein Burger am Mittag macht wahrscheinlich jeden glücklich! Noch dazu ist er selbst gemacht, was ihn natürlich noch leckerer und vor allem einzigartig macht!

1. Zuerst müssen Sie die Ananas von ihrer Schale befreien und in acht Scheiben schneiden.
2. Nun auch die rote Zwiebel schälen und in Ringe schneiden.

3. Im Anschluss die kleine Zwiebel schälen und in Stücke schneiden.

4. Danach das Hackfleisch mit dem Salz, Pfeffer und dem Chilipulver vermischen und aus der Masse Burgerpatties formen.

5. Nun können Sie etwas Kokosöl in 2 Pfannen gießen und beide Pfannen

erhitzen.

6. Dann die Burgerpatties sowie die Zwiebelringe und die Ananas in beiden Pfannen zurechtlegen und alles etwa 10 Minuten anbraten, bis es etwas braun geworden ist. Zwischendurch wenden und die Burger etwas länger braten.

7. Burger in folgender Reihenfolge stapeln: Eine Ananas, dann die Bugerpatties, ein paar Zwiebelringe und zum Schluss eine zweite Ananas drauflegen.

8. Wenn Sie möchten, können Sie auch Burgerbrötchen zum Burger hinzufügen. So ist er leichter mit den Händen zu essen.

Die Zubereitungszeit dauert ungefähr 40 Minuten. Der Burger schmeckt hervorragend und ist eine perfekte Mahlzeit für den Mittag!

ZUCCHINI-RINDFLEISCH BOOTE

Nährwerte: 410 kcal, 12 g Kohlenhydrate, 29 g Fett, 29 g Eiweiß

Zubereitungszeit: 40 Minuten

Zutaten:

Die Boote:

Etwas Salz
2 Zucchini

Die Füllung:

200 g Hackfleisch (Rind)
1 Zwiebel
1 Knoblauchzehe
Etwas Currypulver
Etwas Chilipulver
6 EL Kokosmilch
Eine Handvoll Koriander
1 EL Butter

Zubereitung:

Auch dieses Gericht ist sehr geschmacksintensiv und auch noch ein schöner Anblick!

1. Zu Beginn müssen Sie die Zucchini waschen und halbieren (der Länge nach).

2. Danach die Zucchini auslöffeln und das Fruchtfleisch noch einmal kleiner schneiden und danach beide Hälften innen mit etwas Salz bestreuen.

3. Nun die Zucchini in einen Topf mit etwas Wasser geben und für 2 Minuten in die Mikrowelle auf höchster Stufe garen lassen.

4. Danach das Gemüse auf ein Backblech mit Backpapier legen.

5. Für die Füllung können Sie die Zwiebeln schälen und in kleine Würfel schneiden.

6. Im Anschluss auch den Knoblauch schälen und pressen.

7. Die Butter in der Pfanne schmelzen lassen und den Knoblauch mit den Zwiebelstücken anbraten. Nach 5 Minuten können Sie das Hackfleisch dazugeben und etwa 5 Minuten braten.
8. Nun auch das Fruchtfleisch der Zucchini in die Pfanne geben und alles mit Curry- und Chilipulver würzen.

9. Die Kokosmilch und den gehackten Koriander dazu geben und alles etwa 10 bis 15 Minuten lang in der Pfanne braten lassen.

10. Zuletzt die in der Pfanne entstandene Mischung in die leeren Zucchinihälften füllen und für 15 Minuten in den Ofen geben.

Die Zubereitungszeit dauert ungefähr eine halbe Stunde bis 40 Minuten. Es ist nicht zu aufwendig und außerdem sehr einzigartig!

MITTAGS-SPIEßE

Nährwerte: 512 kcal, 3 g Kohlenhydrate, 33 g Fett, 56 g Eiweiß

Zubereitungszeit: 60-120 Minuten

Zutaten:

500 g Rindersteak

Marinade:

2 EL Olivenöl
1 TL Salz
1 TL Pfeffer
Zitronensaft (eine Zitrone)
1 EL Zimt
1 EL Olivenöl zum Braten
Schaschlikspieße

Zubereitung:

Ein leckeres Steak ist wirklich eine perfekte Mahlzeit zum Mittag! Diese Variante ist etwas zeitaufwendig, jedoch lohnt sich die ganze Mühe definitiv! Es ist ein unglaublich leckeres und einzigartiges Gericht!

1. Zuerst müssen Sie das Steak in etwa 3 cm große Stücke schneiden.

2. Für die Marinade können Sie alle weiteren Zutaten miteinander und mit den Steakwürfeln vermischen.

3. Danach die Mischung in einen Gefrierbeutel legen und die Luft aus dem Beutel drücken.

4. Nun den Beutel für ungefähr eine Stunde im Kühlschrank lassen.

5. Im Anschluss das Olivenöl zum Braten in eine Pfanne geben und etwas erhitzen.

6. Die marinierten Steakwürfel auf die Schaschlikspieße stecken und ungefähr 15 Minuten in der Pfanne braten, bis sie braun werden.

7. Fertig sind die Spieße!

Die Spieße sind sehr geschmacksintensiv und wunderbar für den Sommer geeignet!

STEAK MIT PAPRIKA UND CHILI

Nährwerte: 155 kcal, 1 g Kohlenhydrate, 8 g Fett, 24 g Eiweiß

Zubereitungszeit: 40 Minuten

Zutaten:

Etwas Salz
Grober Pfeffer (aus der Mühle)
125 ml Olivenöl
30 g Petersilie (gehackt)
Eine halbe rote Zwiebel (in Würfel geschnitten)
80 g rote Paprika (in Würfel geschnitten)
4 zerdrückte Knoblauchzehen
4x Lendensteaks (jedes 180 g)
1 EL Balsamico Essig
25 g Korianderblätter (gehackt)
1 EL Limettensaft
Ein halber Teelöffel Chiliflocken (getrocknet)

Zubereitung:

Ein leckeres Steak ist eine wirklich gute Variante für ein Mittagessen! Es enthält zudem viel Eiweiß und ist nicht sehr aufwendig in der Zubereitung!

1. Zu Beginn können Sie eine Schüssel nehmen und alle Zutaten bis auf die Steaks, hinzugeben und gut miteinander umrühren. Im Anschluss alles mit etwas Pfeffer und Salz verfeinern.

2. Nun eine große Grillplatte nehmen und diese erwärmen.

3. Wenn die Grillplatte warm genug ist, können die Steaks darauf gelegt und für etwa 5 Minuten von jeder Seite gegart werden, bis sie leicht knusprig sind.

4. Danach soll das Steak 5 Minuten abkühlen und im Anschluss mit etwas mit Salz und Pfeffer gewürzt werden.

5. Zuletzt ein Viertel der entstandenen Soße auf das Steak geben und den Rest zusammen mit dem Steak auf einem passenden Teller anrichten.

Die Zubereitungszeit dauert etwa 40 Minuten, was sich aber definitiv lohnt! Das Steak ist sehr geschmacksintensiv und enthält viele Nährstoffe!

GRÜNKOHL-SMOOTHIE

Nährwerte: 193 kcal, 7 g Kohlenhydrate, 22 g Fett, 4 g Eiweiß

Zubereitungszeit: 5 Minuten

Zutaten:

1 Apfel
Etwas Wasser
20 g Feldsalat
50 g Grünkohl
3 EL Leinsamen
2 TL Macadamiamus

Zubereitung:

Zwischendurch einen Smoothie zu trinken, kann sehr entspannend sein. Zudem ist dieser auch noch sehr gesund!

1. Zuerst soll der Grünkohl gewaschen und dessen Stängel entfernt werden.

2. Danach den Grünkohl zusammen mit allen anderen Zutaten in einen Mixer geben und alles gut miteinander verrühren.

SALTIMBOCCA

Nährwerte: 516 kcal, 8 g Kohlenhydrate, 33 g Fett, 65 g Eiweiß

Zubereitungszeit: 20 Minuten

Zutaten:

8 geschnittene Schnitzel
Etwas Salz
Etwas Pfeffer
8 Rosmarinzweige
2 EL Olivenöl
8 Scheiben Parmaschinken
8 große Salbeiblätter

Soße:

1 Chilischote
50 g Butter
2 Pfirsiche
4 EL Kokosmilch

Zubereitung:

Die Saltimbocca ist ein sehr leckeres und zudem auch schnelles Rezept, welches fast keinen Aufwand benötigt und wo sich das Kochen durchaus lohnt!

1. Zuerst können Sie die Rosmarinzweige ungefähr bis zur Hälfte von den Nadeln befreien und im Anschluss die abgehackten Nadeln klein schneiden. Die Zweige zur Seite legen.

2. Nun die Schnitzel einzeln in einen passenden Gefrierbeutel legen und etwas flachklopfen.

3. Danach müssen Sie beide Seiten mit ein bisschen Salz und Pfeffer würzen.

4. Im Anschluss die Schnitzel mit einer Scheibe Schinken und einem Salbeiblatt bedecken und zuklappen. Der Rosmarinzweig dient hier als Fixierung.

5. Danach das Olivenöl in einer Pfanne erhitzen und die Schnitzel für einige Minuten in der Pfanne braten. Zwischendurch wenden.

6. Nach etwa 5 Minuten können Sie die Schnitzel aus der Pfanne herausnehmen und bei etwa 80 Grad in den Ofen legen, um sie warm zu halten.

7. Für die Soße müssen Sie die Chilischote waschen, entkernen und in kleine Stücke schneiden.

8. Nun 40 g Butter, den Rosmarin, die Chilischote und die Kokosmilch in die Pfanne geben und alles zusammen aufkochen lassen.

9. Jetzt können Sie die Pfirsiche schälen, entkernen und halbieren (oder auch in mundgerechte Stücke schneiden) und danach die Pfirsichhälften ebenfalls in die Pfanne geben.

10. Zuletzt die Saltimbocca und die Pfirsiche auf einen Teller geben und die selbst gemachte Soße darüber gießen.

Die Zubereitungszeit dauert etwa 20 Minuten.

INGWERSCHNITZEL

Nährwerte: 516 kcal, 34 g Kohlenhydrate, 28 g Fett, 35 g Eiweiß

Zubereitungszeit: 60-120 Minuten

Zutaten:

1 rote Chilischote
Etwas Salz
Etwas Pfeffer
2 kleine Ingwerstücke
3 EL Olivenöl
4 Schweineschnitzel
Eine halbe Fenchelknolle
3 EL Apfelessig
1 EL Olivenöl (zum Braten)
3 TL flüssiger Honig

Zubereitung:

Auch Ingwerschnitzel sind eine sehr leckere Mahlzeit am Mittag, erfordern aber etwas mehr Aufwand, der sich jedoch definitiv lohnt!

1. Für die Marinade können Sie zuerst den Ingwer schälen und in feine Stücke reiben.

2. Danach die Chilischote waschen, entkernen und in mundgerechte Würfel schneiden.

3. Nun beides in eine Schüssel geben und 2 EL Honig sowie das Olivenöl dazugeben und alles gut miteinander verrühren.

4. Jetzt können Sie die Schnitzel mit der entstandenen Marinade bestreichen

und dann alles für eine Stunde im Kühlschrank ruhen lassen.

5. Im Anschluss folgt der Salat, für den der Fenchel gewaschen und das Fenchelgrün abgeschnitten werden soll.

6. Nun das Fenchelgrün klein hacken und beiseitelegen.

7. Jetzt müssen Sie den Fenchel selbst in dünne Scheiben schneiden und ihn mit dem Honig, dem Fenchelgrün, dem Olivenöl, dem Essig sowie dem Salz und dem Pfeffer vermischen und alles gut umrühren.

8. Im Anschluss soll 1 EL Olivenöl in der Pfanne erhitzt werden (mittlere Stufe) und die Schnitzel von beiden Seiten etwa 2-4 Minuten angebraten werden.

9. Zum Schluss die Schnitzel bei etwa 80 Grad in den Ofen geben, um sie warm zu halten.

10. Für die Soße können Sie das Bratfett mit etwas Wasser ablöschen und die Flüssigkeit einige Minuten kochen lassen und zuletzt mit Salz und Pfeffer abschmecken.

11. Nun die Schnitzel auf einem Teller servieren und die Soße auf ihnen verteilen.

Die Zubereitungszeit dauert etwa 1 bis 2 Stunden. Es ergibt sich jedoch ein einzigartiges und super leckeres Gericht daraus!

MARINIERTE RIPPCHEN

Nährwerte: 277 kcal, 2 g Kohlenhydrate, 23 g Fett, 15 g Eiweiß

Zubereitungszeit: 40 Minuten

Zutaten:

Eine Handvoll Korianderblätter
2 zerdrückte Knoblauchzehen
1 EL Olivenöl
100 g Zuckererbsen
50 g Bohnensprossen
Ein halber Teelöffel Fünf-Gewürze-Pulver
20 Schälrippen vom Schwein
50 g brauner Zucker
125 ml Kecap Manis (Sojasauce)
Ein Stück Ingwer (8 cm lang, geraspelt)
1 EL Sesamkörner (geröstet)

Zubereitung:

Auch leckere Rippchen zum Mittagessen sind etwas sehr Einzigartiges und vor allem unglaublich lecker!

1. Zu Beginn können Sie den Ingwer, den Zucker, das Olivenöl sowie das Gewürzpulver, den Knoblauch und die Kecap-Mainis-Sauce in einem Mixer pürieren, bis eine gleichmäßige Soße entsteht.
2. Im Anschluss die Rippen mit der Soße bestreichen und für eine Nacht in den Kühlschrank stellen.

3. Danach soll der Backofen auf 180 Grad vorgeheizt und die Rippen in eine passende Bratenform gelegt werden.

4. Nun alles für etwa 30 Minuten in den Ofen stellen und zwischendurch

einmal wenden.

5. Währenddessen können Sie eine Schüssel nehmen und die Bohnensprossen sowie die Korianderblätter, die Zuckererbsen und die Paprika dort hinzufügen und alles gut miteinander umrühren.

6. Zuletzt die Rippen zusammen mit dem Salat servieren und ggf. mit einigen Sesamkörnern bestreuen.

Die Zubereitungszeit dauert etwa 40 Minuten, was sich aber definitiv lohnt! Die Rippchen sind geschmacksintensiv und erfordern relativ wenig Aufwand!

SCHWEINEFILET

Nährwerte: 516 kcal, 34 g Kohlenhydrate, 28 g Fett, 35 g Eiweiß

Zubereitungszeit: 40 Minuten

Zutaten:

Ein halber TL Cayennepfeffer
1 TL Salz
2 EL Kaffeebohnen (grob gemahlen)
1 Schweinefilet (etwa 500 g)
1 EL Kokosöl
Soße:
2 EL Olivenöl
100 ml Essig
1 Schalotte
130 g Blaubeeren

Zubereitung:

Dieses Schweinefilet ist eine wahre Besonderheit! Unglaublich lecker und sehr geschmacksintensiv!

1. Zu Beginn den Ofen auf 180 Grad vorheizen.

2. Nun können Sie den Cayennepfeffer, den Kaffee und das Salz miteinander vermischen.
3. Das Kokosöl in einer Pfanne warm machen. (Bei mittlerer Hitze).

4. Danach das Schweinefilet etwa 3 Minuten von jeder Seite anbraten und in einen für den Ofen geeigneten Topf geben.

5. Das Schweinefilet für etwa 15 Minuten in den Ofen stellen.

6. Das fertig gegarte Filet aus dem Ofen nehmen, mit Alufolie bedecken und 10 Minuten stehen lassen.

7. Nun können Sie für die Soße die Schalotte schälen und in Würfel schneiden.

8. Im Anschluss soll das Olivenöl in einem Topf warm gemacht werden. (Bei mittlerer Hitze).

9. Danach die Schalottenwürfel in die Pfanne geben und ebenfalls warm werden lassen.

10. Dann die Blaubeeren hinzufügen und diese ungefähr 5 Minuten kochen lassen.
11. Jetzt können Sie den Essig und 3 EL Wasser in den Topf gießen, die Hitze etwas reduzieren und noch mal einige Minuten kochen lassen.

12. Das Ganze so lange kochen, bis alles zu einer cremigen Soße wird.

13. Zuletzt das Filet in dünne Scheiben schneiden und die Soße darüber gießen.

HÜHNCHEN MIT ZITRONE

Nährwerte: 193 kcal, 3 g Kohlenhydrate, 5 g Fett, 34 g Eiweiß

Zubereitungszeit: 90 Minuten

Zutaten:

1 Stange Zitronengras (gehackt)
1 halbierte Limette
Ein Stück Ingwer (etwa 2 cm lang, klein gehackt)
3 Knoblauchzehen
2 rote Chilischoten (entkernt, gehackt)
1 ganzes Huhn
2 EL Olivenöl
2 Limettenblätter (in Streifen geschnitten)

Zubereitung:

Hühnchen enthält besonders viele Nährstoffe und dazu auch noch viel Eiweiß! Dieses Rezept erfordert nicht viel Aufwand und ist auch noch unglaublich lecker!

1. Zu Beginn den Ofen auf 180 Grad vorheizen. Den Knoblauch, die Limettenblätter, das Zitronengras sowie den Ingwer, das Olivenöl und die Chilis in einen Mixer oder einem Püriergerät zu einer gleichmäßigen Masse zerkleinern. Nun das Fleisch gut waschen und anschließend abtrocknen.

2. Im Folgenden ein Loch unter der Haut des Hühnchens formen und die Hälfte der entstandenen Masse dort einfüllen.

3. Mit der zweiten Hälfte kann das Huhn von allen Seiten und von innen eingerieben werden. Nun alles für etwa 1,5 Stunden im Ofen backen, bis das

Fleisch knusprig und etwas dunkel geworden ist.

4. Nachdem es fertig ist, das Fleisch aus dem Ofen nehmen und etwas Limettensaft darüber laufen lassen.

5. Anschließend alles noch einmal für 5 Minuten in den Ofen stellen.

6. Danach das Hühnchen mit Alufolie bedecken und für 10 Minuten beiseitelegen. Zuletzt können Sie das fertige Huhn in Stücke schneiden und auf einem Teller servieren.

GEKOCHTER REIS

Nährwerte: 127 kcal, 27 g Kohlenhydrate, 1 g Fett, 2 g Eiweiß

Zubereitungszeit: 15 Minuten

Zutaten:

1 Prise Salz
450 ml Wasser
200 g Langkornreis (weiß)

Zubereitung:

Dieser Reis enthält besonders viele Nährstoffe und ist schnell gemacht!

1. Zu Beginn den Reis mit etwas Wasser waschen und im Anschluss zusammen mit Salz in einem Topf aufkochen lassen. Zwischendurch umrühren.

2. Alles regelmäßig umrühren und etwa 15 Minuten kochen lassen.

LECKERES DRESSING

Nährwerte: 287 kcal, 26 g Kohlenhydrate, 6 g Fett, 7 g Eiweiß

Zubereitungszeit: 10 Minuten

Zutaten:

80 ml Wasser
135 g Tahini (Sesampaste)
1 EL Zitronensaft
Etwas Salz
Etwas gemahlener Pfeffer

Zubereitung:

Dieses Dressing ist besonders lecker und vor allem einzigartig!

1. Zu Beginn eine Schüssel nehmen und das Tahini zusammen mit dem Zitronensaft und dem Wasser gut miteinander verrühren.

2. Alles mit dem Salz und dem Pfeffer abschmecken und nun so lange verrühren, bis die gewünschte Konsistenz entsteht.

LECKERE OFENFORELLE

Nährwerte: 288 kcal, 3 g Kohlenhydrate, 20 g Fett, 30 g Eiweiß

Zubereitungszeit: 40 Minuten

Zutaten:

2 Zitronen
2 EL Kokosöl
Etwas Salz
Etwas Pfeffer
2 Forellen
1 Bund Petersilie
1 Bund frische Kräuter

Zubereitung:

Eine Forelle frisch aus dem Ofen ist auch etwas sehr Einzigartiges! Dieses Gericht schmeckt besonders intensiv und ist noch nicht einmal sehr aufwendig!

1. Zu Beginn den Ofen auf 200 Grad vorheizen. Danach können Sie die Forellen waschen und die Haut der Fische mit einem scharfen Messer auf beiden Seiten etwa 5-mal leicht einritzen.
2. Im Anschluss die Zitrone waschen und ihre Schale abreiben.

3. Die zweite Zitrone können Sie dann in Scheiben schneiden.

4. Nun die Fische mit 1 EL Kokosöl bestreichen und innen sowie außen mit etwas Pfeffer und Salz würzen.

5. Jetzt können Sie die Forellen mit den frischen Kräutern, der Petersilie und

den Zitronenscheiben füllen und die Fische in eine ofenfeste Form legen.

6. Dann das noch übrige Kokosöl und im Anschluss die geriebene Zitronenschale auf die Fische streuen.

7. Im Anschluss alles etwa 20 Minuten lang backen und zuletzt die Fische auf einem passenden Teller anrichten und mit einer oder zwei Zitronenscheiben garnieren.

CHICKEN NUGGETS

Nährwerte: 530 kcal, 6 g Kohlenhydrate, 44 g Fett, 35 g Eiweiß

Zubereitungszeit: 40 Minuten

Zutaten:

Ein halber TL Cayennepfeffer
2 Eier
500 g Hähnchenfilet
50 g Kokosraspeln
50 g Mandeln (gemahlen)
6 EL Kokosöl
1 TL Salz
1 EL Currypulver

Zubereitung:

Chicken Nuggets sind eine perfekte Mahlzeit für die ganze Familie! Keine aufwendige Zubereitung und sehr lecker!

1. Zu Beginn den Ofen auf 200 Grad vorheizen.

2. Danach das Hähnchenfilet in 20 Nugget-Stücke zerschneiden.
3. Nun können Sie 4 EL Kokosöl in einem Topf schmelzen lassen und es dann in eine kleine Schüssel geben.

4. Im Anschluss das Kokosöl mit zwei Eiern gut vermischen.

5. In einem weiteren Teller nun die Kokosraspeln, die gemahlenen Mandeln und die Gewürze miteinander vermischen.

6. Die Hähnchenstücke zuerst in die Eier-Mischung tauchen.

7. Im Anschluss die Hähnchenstücke in die Gewürzmischung legen und einmal wenden.

8. Nun ein Backblech mit Backpapier auslegen und es mit Kokosöl bestreichen.

9. Die Hähnchenstücke auf das Backblech legen und etwa 20 Minuten backen lassen, bis sie braun werden.

BROKKOLI SMOOTHIE

Nährwerte: 102 kcal, 7 g Kohlenhydrate, 21 g Fett, 2 g Eiweiß

Zubereitungszeit: 5 Minuten

Zutaten:

250 ml Wasser
Ein Stück Ingwer (2 cm)
Eine Handvoll Salat
Eine Prise Kurkuma
Ein paar Basilikumblätter
10 Macadamianüsse
1 Apfel
Eine halbe Gurke

Zubereitung:

Zwischendurch einen Smoothie zu trinken, kann sehr entspannend sein. Zudem ist dieser auch noch sehr gesund!

1. Zuerst soll das Obst und Gemüse gewaschen und geschält werden. Danach alles zusammen mit den restlichen Zutaten (außer dem Ingwer) in einen Mixer geben und alles gut miteinander verrühren. Im Anschluss das Ingwerstück hineinreiben und etwas Wasser hinzufügen. So lange umrühren, bis die passende Konsistenz erreicht ist.

FETA-CREME

Nährwerte: 102 kcal, 7 g Kohlenhydrate, 21 g Fett, 2 g Eiweiß

Zubereitungszeit: 5 Minuten

Zutaten:

Etwas Salz
Etwas Pfeffer
1 EL Olivenöl
100 g Feta (in Würfel geschnitten)
100 g Frischkäse
100 g rote Paprika (in Stücke geschnitten)
1 Knoblauchzehe

Zubereitung:

Diese Feta-Creme kann mehr sehr gut als Beilage für einige Gerichte verwenden. Sie schmeckt sehr intensiv und ist schnell gemacht!

1. Zuerst soll der Feta mit den Paprikastücken, dem Frischkäse und dem Olivenöl zusammen in einen Mixer gegeben und gut verrührt werden. Danach können Sie die Knoblauchzehen pressen und diese ebenfalls der Mischung hinzufügen. Zuletzt kann die Creme mit etwas Salz und Pfeffer abgeschmeckt werden.

POLENTA

Nährwerte: 269 kcal, 20 g Kohlenhydrate, 1 g Fett, 7 g Eiweiß

Zubereitungszeit: 60 Minuten

Zutaten:

250 g Polenta
150 g Parmesan (gerieben)
60 g Butter
1 TL Meersalz

Zubereitung:

Polenta enthält viele nützliche Nährstoffe und ist zudem schnell gemacht!

1. Zu Beginn sollen 1,5 Liter Wasser aufgekocht und das Salz hinzugefügt werden.

2. Im Anschluss die Polenta hinzugeben und alles für etwa 40 Minuten köcheln lassen. Zum Schluss die restlichen Zutaten hinzufügen und alles gut miteinander verrühren, bis eine gleichmäßige Masse entsteht.

CHICKEN WINGS

Nährwerte: 530 kcal, 6 g Kohlenhydrate, 44 g Fett, 35 g Eiweiß

Zubereitungszeit: 40 Minuten

Zutaten:

Eine halbe Zwiebel
1 Bund Koriander
2 Knoblauchzehen
2 Limetten
1 Chilischote
Etwas Pfeffer
2 EL Kokosöl
2 EL Fischsoße
1.400 g Hühnerflügel (mit Knochen)

Zubereitung:

Wenn Chicken Nuggets schon dabei sind, müssen natürlich auch Chicken Wings dabei sein! Sie sind in der Zubereitungszeit etwas aufwendiger, lohnen sich aber durchaus!

1. Zu Beginn müssen Sie die halbe Zwiebel schälen und in 3 cm große Würfel schneiden. Danach die Chilischote waschen und entkernen.
2. Als nächstes können Sie die Limetten waschen und die Schale abreiben. Im Anschluss den Koriander waschen und dessen Blätter abreißen.

3. Dann die Zwiebelstücke, den Koriander, den Limettensaft, die Knoblauchzehe, etwas Pfeffer sowie die Fischsoße und das Kokosöl in einen Mixer geben und alles pürieren.

4. Nun die Hähnchenflügel mit der selbst gemachten Soße vermischen und für eine Stunde in den Kühlschrank stellen. Sie können die Hähnchenflügel

30 Minuten bevor sie in den Ofen kommen, schon aus dem Kühlschrank nehmen.

5. Den Ofen auf etwa 200 Grad vorheizen und die Hähnchen auf einem Grillrost verteilen. Tipp: Legen Sie ein Backblech, welches mit Backpapier ausgelegt ist unter den Grillrost, um Fettflecken zu vermeiden.

6. Zuletzt das Fleisch ungefähr 30 Minuten im Ofen lassen und zwischendurch wenden. Nach 30 Minuten die Chicken Wings herausnehmen und 5 Minuten abkühlen lassen.

HÄHNCHEN-SPIEẞE

Nährwerte: 1147 kcal, 22 g Kohlenhydrate, 93 g Fett, 58 g Eiweiß

Zubereitungszeit: 60 Minuten

Zutaten:

Spieße:

3 Zucchini
400 g Hähnchenfilet

Marinade:

5 EL Olivenöl
1 Zitrone
4 TL Kräuter der Provence
2 Knoblauchzehen
2 TL Senf
Etwas Pfeffer
Etwas Salz

Dip:

Etwa 50 g gemahlene Mandeln
1 EL Apfelessig
1 Knoblauchzehe
Etwas Salz
Etwas Pfeffer
2 TL Honig

(Schaschlikspieße, Olivenöl zum Braten)

Zubereitung:

Diese Hähnchenspieße punkten mit ihrem unverwechselbaren Geschmack und ihrer einfachen Zubereitung. Noch dazu enthalten sie viel Eiweiß und wenig Histamin!

1. Zu Beginn die Zitrone für die Marinade waschen, schälen und die Schale

abreiben. Nun den Knoblauch schälen und auspressen.

2. Im Anschluss den gepressten Knoblauch, den Zitronensaft sowie die Zitronenschale zusammen mit dem Senf, den Kräutern und dem Olivenöl in eine Schale geben und alles miteinander verrühren.

3. Mit Salz und Pfeffer würzen. Für die Spieße das Hähnchenfilet in etwa 4 cm große Würfel schneiden.

4. Nun die Würfel mit der Marinade vermischen und für ungefähr eine Stunde in den Kühlschrank stellen.

5. Jetzt können Sie die Zucchini waschen und in dünne Scheiben schneiden.

6. Die gemahlenen Mandeln müssen für den Dip in einer Pfanne warm gemacht und im Anschluss mit etwa 200 ml Wasser abgelöscht werden.

7. Danach können Sie den Honig, den Essig und das Olivenöl in die Pfanne gießen.

8. Nun die Knoblauchzehe schälen, pressen und ebenfalls in die Pfanne geben.

9. Im Anschluss Pfeffer und Salz hinzufügen.

10. Nun die Zucchinischeiben aufrollen und abwechselnd mit den Hähnchenstücken aufspießen.

11. Zuletzt die Spieße in eine geölte Pfanne geben und jede Seite ungefähr 5 Minuten braten.

LABNE

Nährwerte: 194 kcal, 4 g Kohlenhydrate, 19 g Fett, 5 g Eiweiß

Zubereitungszeit: 10 Minuten

Zutaten:

200 g Joghurt (griechisch)

Zubereitung:

Labne ist eine sehr leckere und vor allem schnell gemachte Beilage!

1. Zu Beginn soll der Joghurt in eine Schüssel und für eine Nacht in den Kühlschrank gegeben werden.

2. Danach mit einem Teelöffel kleine Kugeln aus dem Joghurt formen und zum Hauptgericht servieren.

GEBRATENE BRASSE

Nährwerte: 150 kcal, 1 g Kohlenhydrate, 8 g Fett, 29 g Eiweiß

Zubereitungszeit: 30-40 Minuten

Zutaten:

1 EL Meersalz
4 x 180 g Filets von der Brasse
1 TL Kreuzkümmel
Etwas Blattsalat
40 g Butter
Saft und Schale einer Zitrone

Zubereitung:

Dieser Fisch enthält besonders viele Nährstoffe und dazu auch noch sehr viel Eiweiß. Er ist sehr lecker und erfordert auch nicht viele Zutaten!

1. Zu Beginn können Sie eine Pfanne nehmen, diese leicht erwärmen und dort die Kreuzkümmel anrösten, bis sie braun werden.

2. Den gebratenen Kümmel zusammen mit der Orangenschale und dem Salz mit einem Mörser zerkleinern und vorerst beiseitelegen. Nun die vier Brassefilets abspülen und danach trocknen.

3. Im Folgenden können Sie eine weitere Pfanne nehmen und etwas Butter dort schmelzen lassen.

4. Wenn die Butter komplett geschmolzen ist, können die Filets mit der Außenseite in die Pfanne gelegt werden. (Haut nach unten)

5. Die Filets sollen dann ungefähr 5 Minuten gebraten und danach gewendet werden.

6. Nach dem Wenden die Fische für weitere 5 Minuten in der Pfanne braten und mit etwas Zitronensaft begießen.

7. Wenn der Fisch gar und etwas knusprig ist, können Sie ihn mit etwas Salz bestreuen und zusammen mit der Zitronenschalen-Mischung anrichten.

CEVICHE

Nährwerte: 147 kcal, 6 g Kohlenhydrate, 6 g Fett, 32 g Eiweiß

Zubereitungszeit: 60-120 Minuten

Zutaten:

300 g Fischfilet (Shrimps, Rotbarsch)
Saft von einer Zitrone
Saft von einer Limette
1 gelbe Paprika
1 rote Chilischote
1 Schalotte
Eine Handvoll Korianderblätter
Etwas Salz
Etwas Pfeffer

Zubereitung:

Auch Fischgerichte dürfen natürlich nicht fehlen! Hier ist besonders viel Eiweiß drin und geschmacklich punktet das Ceviche natürlich auch!

1. Zuerst soll der Fisch in etwa 2 cm große Stücke geschnitten und die Gräten entfernt werden. (Die Stücke in einer Schüssel legen).
2. Danach den Zitronen- und den Limettensaft dazugeben und die Zutaten gut miteinander vermischen.

3. Dann alles für etwa 1,5 Stunden in den Kühlschrank stellen.

4. Nun können Sie die Schalotten schälen und ebenfalls in kleine Würfel schneiden.

5. Im Anschluss sollen dann auch die Paprikaschoten gewaschen, geschält,

entkernt und in Würfel geschnitten werden.

6. Danach den Koriander waschen und einige Blätter zur Deko entfernen und vorerst zur Seite legen.

7. Im Anschluss den Rest des Korianders in kleine Stücke schneiden und mit den Paprikastücken und den Chiliwürfeln zu dem Fisch geben und alles mit Salz und Pfeffer würzen.

8. Zum Abschluss das Gericht mit den Blättern des Korianders dekorieren und fertig ist das Ceviche.

KABELJAU MIT KOKOS UND MANGO

Nährwerte: 847 kcal, 22 g Kohlenhydrate, 86 g Fett, 41 g Eiweiß

Zubereitungszeit: 60-120 Minuten

Zutaten:

Fisch:

40 g Kokosmehl
250 ml Kokosmilch
300 g Kabeljaufilet (frisch)
Etwas Salz
1 TL Ingwer (als Pulver)
40 g Kokosraspeln

Salat:

Eine halbe Mango
Eine halbe Gurke
2 EL Olivenöl
1 Handvoll Koriander
Eine halbe rote Zwiebel (klein)
1 Knoblauchzehe
Etwas Salz
Saft einer Limette

Zubereitung:

Das zweite Fischgericht ist eine leckere Kabeljauvariante mit Kokos verfeinert. Das Gericht ist etwas aufwendiger, schmeckt jedoch hervorragend!

1. Zu Beginn können Sie die Mango waschen, schälen und würfeln.

2. Im Anschluss auch die Zwiebel schälen und in mundgerechte Stücke schneiden.

3. Dasselbe mit der Gurke machen. (Kleine Würfel)

4. Danach auch den Koriander klein schneiden und den Knoblauch schälen und pressen.

5. Nun alles in eine passende Schale legen. Salz, Olivenöl und Limettensaft hinzufügen und alles gut miteinander vermischen. In den Kühlschrank stellen.

6. Jetzt können Sie für die Kabeljaufilets den Kabeljau waschen und die Gräten entfernen.

7. Das Ingwerpulver, das Salz und das Kokosmehl in einem Teller miteinander vermischen.

8. Danach kann auch das Kokosöl geschmolzen und in einem zweiten Teller mit der Kokosmilch zusammen verrührt werden.

9. Die Kokosraspeln in einen dritten Teller geben.

10. Im Anschluss dann den Fisch als erstes in die Kokosmilch tauchen, danach in die Mehl-Mischung legen und mehrere Male wenden und zuletzt in den Kokosraspeln wälzen.

11. Jetzt können Sie ein Backblech mit Backpapier auslegen.

12. Zuletzt legen Sie die Filets auf das Backblech und lassen diese für etwa 12 Minuten im Ofen backen. Zwischendurch wenden.

Die Zubereitungszeit dauert ungefähr eine bis zwei Stunden, was sich aber definitiv lohnt.

KALBSSCHNITZEL

Nährwerte: 521 kcal, 10 g Kohlenhydrate, 40 g Fett, 35 g Eiweiß

Zubereitungszeit: 20-30 Minuten

Zutaten:

Schnitzel:

3 dünn geschnittene Schnitzel vom Kalb (bereits halbiert)
6 Salbeiblätter
Etwas Salz
Gemahlener Pfeffer

Gemüse:

2 gehackte Knoblauchzehen (geschält, halbiert)
100 g geschälte Zwiebeln (in Streifen geschnitten)
Etwas Erdnussöl
Ein Viertel Endiviensalat (klein geschnitten)
1 TL Honig
Eine halbe Papaya (geschält und in Würfel geschnitten)
Ein Viertel TL Chiliflocken
Etwas Salz
(Zahnstocher)

Zubereitung:

Diese Schnitzel sind besonders lecker und noch dazu schnell und ohne viel Aufwand gemacht!

1. Zuerst das Erdnussöl in einer Pfanne warm machen und danach die Zwiebeln sowie der Knoblauch hinzufügen.

2. Nun können Sie den Salat in die Pfanne legen und alles gut miteinander umrühren. Danach einen Deckel auf die Pfanne geben und 3 Minuten braten lassen.

3. Im Anschluss den Honig, das Salz und die Gewürze und einen kleinen Schuss Wasser dazugeben und nun alles gut miteinander verrühren. Deckel auf die Pfanne geben und etwa 1 Minute ruhen lassen.

4. Jetzt können Sie auch die Papaya in Würfelform dazugeben und alles mit etwas Salz verfeinern.

5. Alles für einige Minuten braten lassen und währenddessen eins der Salbeiblätter auf ein Schnitzel legen, das Schnitzel zusammenfalten und mit einem Zahnstocher festmachen.

6. Nun eine zweite Pfanne nehmen und in dieser etwas Erdnussöl erwärmen.
7. Das Fleisch etwa 2 Minuten von jeder Seite anbraten.

8. Zuletzt das Schnitzel auf einem Teller anrichten und das Gemüse aus der anderen Pfanne dazugeben.

9. Fertig sind die Schnitzel!

MINI-RINDERKLOPSE

Nährwerte: 199 kcal, 7 g Kohlenhydrate, 13 g Fett, 18 g Eiweiß

Zubereitungszeit: 20-30 Minuten

Zutaten:

Klopse:

100 g Zwiebeln (geschält und in Würfel geschnitten)
200 g Tartar (vom Rind)
Etwas Salz
20 g scharfer Senf
Gemahlener schwarzer Pfeffer
25 g Haferflocken
1 Ei
30 g Sesamsamen
1 EL Erdnussöl

Gemüse:

100 g Zwiebeln (geschält und in Würfel geschnitten)
2 Knoblauchzehen (geschält, halbiert und zerhackt)
Etwas Salz
1 EL Honig
100 g Tomatenmark
1 Glas weiße Bohnen (abgegossen und abgespült)
1 TL Kräuter der Provence
Gemahlener schwarzer Pfeffer
Etwas Erdnussöl

Zubereitung:

Die Rinderklopse sind eine wahre Spezialität und benötigen nicht viel Aufwand!

1. Zu Beginn alle Zutaten für die Klopse bis auf das Erdnussöl und die Sesamsamen in eine große Schale geben und mit einem Mixer zu einer Masse verrühren.

2. Danach die Masse mit Salz und Pfeffer würzen.

3. Nun können Sie aus der entstandenen Masse kleine Klopse formen (etwa 3-4 cm groß).

4. Im Anschluss das Erdnussöl in einer Pfanne warm machen und die Klopse reinlegen.

5. Dann für etwa 10 Minuten braten, bis die Klopse braun werden.

6. Währenddessen können Sie eine zweite Pfanne mit Erdnussöl erhitzen und dort die Zwiebelwürfel und den Knoblauch für etwa 5-10 Minuten anbraten lassen.
7. Nun auch die Kräuter der Provence, 250 ml Wasser und das Tomatenmark in die Pfanne geben und alles gut miteinander verrühren.

8. Danach können Sie alles noch mit Salz, Pfeffer und etwas Honig verfeinern.

9. Im Anschluss die Bohnen in die Gemüse-Pfanne geben und einige Minuten kochen lassen.

10. Zuletzt den Sesam über die gebratenen Klopse streuen und zusammen mit dem Gemüse servieren!

LAMMSPIEẞE MIT KARTOFFELPÜREE

Nährwerte: 130 kcal, 3 g Kohlenhydrate, 17 g Fett, 7 g Eiweiß

Zubereitungszeit: 30 Minuten

Zutaten:

Spieße:

10 fertige Lammspieße (aus dem Laden)
1 EL Erdnussöl

Kartoffelpüree:

Etwas Salz
50 g Olivenöl
3 geschälte Knoblauchzehen (bereits gehackt)
Gemahlener schwarzer Pfeffer
300 g gekochte Kartoffeln

Zubereitung:
Auch die Lammspieße mit Kartoffelpüree sind ein leckeres und schnelles Rezept für den Mittag!

1. Zuerst können Sie den Knoblauch und das Salz zusammen zu einem gleichmäßigen Brei pressen und diesen dann mit etwas Zitronensaft in eine Schüssel geben.

2. Nun soll 300 ml in einem Topf gesalzen und zum Kochen gebracht werden.

3. Danach werden die Kartoffeln in den Topf gegeben und für etwa 5 Minuten gekocht.

4. Währenddessen können Sie das Erdnussöl in einer Pfanne warm machen und die Lammspieße darin von allen Seiten etwas anbraten.

5. Wenn die Kartoffeln fertig sind, auch diese zu einem gleichmäßigen Brei pressen. Entnehmen Sie etwa 30 ml des Kartoffelwassers und stellen Sie es für einige Minuten zur Seite.

6. Die Kartoffeln nun mit der Knoblauch-Mischung vermischen und etwas des Kartoffelwassers und des Olivenöls hinzufügen.

7. Nun die Mischung mit Salz und Pfeffer würzen und wieder gut umrühren.

8. Zuletzt die Spieße zusammen mit dem Püree anrichten. Zur Deko können hier Zitronenscheiben oder Tomaten verwendet werden.

SCHNITZEL MIT SPARGEL

Nährwerte: 115 kcal, 2 g Kohlenhydrate, 2 g Fett, 25 g Eiweiß

Zubereitungszeit: 30 Minuten

Zutaten:

Spargel:

Etwas Salz
Olivenöl (für das Einpinseln)
1 Bund Spargel (unteres Drittel schälen, von den Enden 3 cm abschneiden)

Vinaigrette:

Etwas Salz
5 g Weizenkeimöl
5 g Kürbiskernöl
20 g Essig
Gemahlener schwarzer Pfeffer
40 g geschälte Maronen (gehackt)
10 Pfefferminzblätter (gehackt)
5 g Walnussöl
50 g Schalotten (geschält, in Würfel geschnitten)
Eine halbe rote Chilischote (gewaschen, in Würfel geschnitten)
Eine halbe gelbe Chilischote (gewaschen, in Würfel geschnitten)

Schnitzel:

300 g Putenfleisch (in kleine Schnitzel geschnitten)
Ein halber Esslöffel Erdnussöl
Etwas Salz

Zubereitung:

Dieses Rezept erfordert etwas mehr Aufwand und besteht aus vielen Zutaten, was es aber komplett einzigartig und unglaublich geschmacksintensiv macht!

1. Zu Beginn können Sie für die Vinaigrette den Essig in eine kleine Schale füllen und ihn mit Pfeffer und Salz etwas würzen.

2. Danach sollen etwa 25 ml heißes Wasser, die Chilis, die Minze, die

Schalotten und die die Maronen hinzugefügt und alles gut miteinander verrührt werden.

3. Im Anschluss kann der Spargel in eine tiefe Pfanne gegeben und daraufhin
mit Wasser komplett bedeckt werden.

4. Nun sollen das Wasser gesalzen und der Spargel etwa 5 Minuten gekocht
werden.

5. Währenddessen können Sie etwas Erdnussöl in einer Pfanne warm machen
und dort die Schnitzel von beiden Seiten gut anbraten. Zum Schluss salzen.
6. Nun den Spargel auf einer Unterlage einige Minuten abtropfen lassen und
im Anschluss mit Olivenöl einpinseln.

7. Zuletzt die Vinaigrette zusammen mit dem Spargel und den Schnitzeln servieren.

KALBFLEISCHPATTIES

Nährwerte: 480 kcal, 42 g Kohlenhydrate, 18 g Fett, 25 g Eiweiß

Zubereitungszeit: 30 Minuten

Zutaten:

Patties:

1 Ei
200 g Hackfleisch (Kalb)
25 g Pinienkerne
20 g scharfer Senf
2 Knoblauchzehen (geschält und in Würfel geschnitten)
Etwas Erdnussöl (zum Braten)
25 g getrocknete Tomaten (in Würfel geschnitten)
Etwas Salz
10 g Chiasamen

Salat:

350 g Romanasalatherz (halbiert, gewaschen)
Ein halber Esslöffel Sonnenblumenöl

Dip:

60 g Ajvar
1 EL Honig
Etwas Salz
250 g Magerquark
2 Stangen Lauch (gewaschen, in Stücke geschnitten)
Gemahlener schwarzer Pfeffer

Zubereitung:

Dieses Gericht ist eine perfekte Variante für den Mittag und ist dazu sehr nährstoffreich!

1. Zuerst können Sie alle Zutaten für die Patties in eine große Schale geben und alles mit einem Mixer gut zu einer weichen Masse verrühren. Im

Anschluss alles mit etwas Salz verfeinern.

2. Nun aus der entstandenen Masse mit einer Form (Durchmesser etwa 10 cm) zwei Burgerpatties formen.

3. Danach Erdnussöl in einer Pfanne warm machen und die Burgerstücke dort für etwa 5 Minuten anbraten.

4. Währenddessen können Sie das Sonnenblumenöl in einer weiteren Pfanne erhitzen und den Romanasalat hinzufügen.

5. Die Pfanne mit einem Deckel abdecken und den Salat für etwa 2 Minuten braten lassen. Nach 2 Minuten wenden.
6. Im Anschluss 50 ml Wasser dazu gießen und wieder für einige Minuten in der Pfanne kochen lassen. Am Ende alles leicht salzen.

7. Nun den Salat aus dem Topf nehmen und abtropfen lassen.

8. In der Zeit können Sie den Honig zusammen mit dem Quark, der Hälfte des Lauchs und dem Ajvar in eine passende Schale legen und alles gut miteinander vermischen.

9. Anschließend alles mit etwas Pfeffer und Salz würzen.

10. Zuletzt den entstandenen Dip in eine Schale geben und die Burgerpatties sowie den Salat ggf. mit Tomaten oder Zitronenscheiben dekorieren.

RINDERSTEAK MIT SPAGHETTI

Nährwerte: 160 kcal, 5 g Kohlenhydrate, 8 g Fett, 25 g Eiweiß

Zubereitungszeit: 30 Minuten

Zutaten:

Fleisch:

2 Stück (etwa 400 g) Rinderhüfte
3 Knoblauchzehen (geschält, halbiert)
Ein halber Esslöffel Erdnussöl
Etwas Salz
Gemahlener schwarzer Pfeffer
2 Thymianzweige

Spaghetti:

Ein halber Esslöffel Butter
Etwas Salz
3 Thymianzweige (Blätter abgezupft)
450 g Zucchini (Enden abgeschnitten und halbiert)

Zubereitung:

Ein Steak zum Mittag ist immer eine gute Wahl und erfordert sogar relativ wenig Aufwand!

1. Zu Beginn soll etwas Erdnussöl in einer Pfanne warm gemacht und das Fleisch auf beiden Seiten einige Minuten gebraten werden, bis es braun und kross geworden ist.

2. Nun können Sie auch den Knoblauch und zwei ganze Thymianzweige in die Pfanne legen und alles zusammen einige Minuten braten lassen. Im Anschluss alles aus der Pfanne nehmen, auf einen Teller legen und gut mit Salz

und Pfeffer würzen.

3. Währenddessen können Sie die Zucchini mit einem Gemüsehobel in lange Spaghettistreifen schneiden.

4. Nun kann auch eine zweite Pfanne mit Butter erhitzt und die Spaghettistreifen dort gebraten werden. Dann sollen auch die Thymianblätter hinzugefügt und alles für weitere 2 Minuten in der Pfanne gebraten werden. Zum Schluss alles salzen.

5. Zuletzt das Steak mit dem Knoblauch, den Thymianblättern und den Zucchinispaghetthis auf einem Teller anrichten.

STEAK VOM RIND MIT GEBRATENEM GRÜNKOHL

Nährwerte: 159 kcal, 5 g Kohlenhydrate, 6 g Fett, 27 g Eiweiß

Zubereitungszeit: 30 Minuten

Zutaten:

39 g Walnusskerne (gehackt)
Etwas Sonnenblumenöl (zum Braten)
260 g Rindersteak
400 g Grünkohl (in kleinen Stücken)
Eine feste Birne (in vier Stücke geschnitten)
Gemahlener schwarzer Pfeffer
Etwas Salz
10 g getrocknete Cranberrys

Zubereitung:

Die leckeren Steakscheiben sind eine wahre Besonderheit am Mittag. Noch dazu wird es durch frischen Grünkohl ergänzt, was das alles noch etwas verfeinert!

1. Zuerst können Sie ein bisschen Sonnenblumenöl in der Pfanne erhitzen und dort das Steak für einige Minuten von jeder Seite anbraten.

2. Danach das Steak in etwas Alufolie wickeln und etwa 5 Minuten abkühlen lassen.

3. Währenddessen können Sie die Walnüsse in derselben Pfanne leicht erwärmen und die Birnenstücke dann hinzufügen und etwas anbraten lassen.

4. Nun soll für den Grünkohl Sonnenblumenöl in einem Wok erwärmt

werden.

5. Danach den Grünkohl dort hineingeben und einige Minuten gut braten und regelmäßig umrühren. Alles mit Pfeffer und Salz würzen.

6. Im Anschluss den Wok mit einem Deckel schließen und etwa 5 Minuten braten lassen.

7. Dann die Birnen, den Grünkohl und die Walnüsse zusammen mit den Cranberrys in einer Schüssel miteinander vermischen. Das Steak in Stücke schneiden und den entstandenen Salat auf dem Steak anrichten. Danach alles Salzen.

LECKERES WEINTRAUBEN-ROASTBEEF

Nährwerte: 108 kcal, 3 g Kohlenhydrate, 4 g Fett, 21 g Eiweiß

Zubereitungszeit: 30-40 Minuten

Zutaten:

Spieße:

8 Scheiben gebratenes Roastbeef (vom Metzger)
Gemahlener schwarzer Pfeffer
Etwas Salz
4 Holzspieße

Fenchel:

Eine halbe Chilischote (Scheidewände und Samen entfernt, in Streifen geschnitten)
Etwas Salz
10 g Butter
330 g Fenchel (in Scheiben geschnitten, halbiert und in Streifen geschnitten)
3 Stängel Petersilie (zerhackt)
1 EL Olivenöl
Gemahlener Schwarzer Pfeffer

Dip:

Etwas Salz
Gemahlener Pfeffer
100 g Joghurt

Zubereitung:

Dieses Roastbeef ist eine unglaublich leckere Variante für den Mittag, bei dem sich das Auge auch mitfreuen kann!

1. Zu Beginn soll die Butter in einem Topf warm gemacht und das Chili sowie der Fenchel dort leicht angebraten und etwas gesalzen werden.

2. Zwischendurch alles umrühren und mit einem Schuss Wasser aufgießen. Etwa 3 Minuten abkühlen lassen und mit Salz und Pfeffer verfeinern.

3. Währenddessen sollen die Roastbeefscheiben in der Mitte zusammengeklappt und auf 4 Holzspieße, die leicht eingeölt wurden, aufgespießt werden. Die Weintrauben sollen zwischen dem Fleisch aufgespießt werden.

4. Nun eine zweite Pfanne nehmen, das Erdnussöl dort erhitzen und die Spieße von allen Seiten anbraten lassen. Die Spieße zwischendurch einmal wenden.

5. Für den Dip den Joghurt mit Salz und Pfeffer würzen.

6. Zuletzt den in Streifen geschnittenen Fenchel mit etwas Öl und Petersilie abschmecken und die Spieße, den Dip sowie das Fenchelgemüse auf einem Teller anrichten.

Die Zubereitungszeit dauert eine halbe Stunde bis zu 40 Minuten. Die Spieße sind besonders geschmacksintensiv und sättigend!

ROTBARSCH

Nährwerte: 108 kcal, 3 g Kohlenhydrate, 4 g Fett, 21 g Eiweiß

Zubereitungszeit: 30-40 Minuten

Zutaten:
Rotbarschfilet:

Etwas Salz
260 g Rotbarschfilet (in 4 Stücke geschnitten)
Erdnussöl (zum Braten)
Etwa 60 g Polenta

Salat:

20 g Weißwein
Etwas Salz
15 g Sonnenblumenöl
60 g Schalotten (gewürfelt)
Gemahlener Pfeffer
5 g Weizenkeimöl
2 kleine Salatgurken (in schräge Scheiben und dann in Streifen geschnitten)
1 Bund Radieschen (geschnitten und gehobelt)

Zubereitung:

Auch ein exklusives Rotbarschfilet ist ein hervorragendes Mittagessen und zudem auch nicht sehr aufwendig!

1. Zu Beginn soll der Fisch leicht gesalzen und von beiden Seiten in der Polenta gewendet werden.

2. Nun können Sie etwas Erdnussöl in einer Pfanne erhitzen und den Fisch dort von beiden Seiten leicht anbraten. Zwischendurch wenden.

3. Im Anschluss die Schalotten mit Salz, Pfeffer und Essig vermischen und etwas Öl hinzufügen.

4. Danach können Sie die Gurken und die Radieschen hinzufügen und alles gut miteinander vermischen.

5. Zuletzt können Sie den Salat und den Rotbarsch auf einem passenden Teller anrichten.

Die Zubereitungszeit dauert etwa eine halbe Stunde bis zu 40 Minuten. Das Gericht schmeckt wirklich einzigartig und sehr intensiv!

HÄHNCHENSTEAK

Nährwerte: 139 kcal, 1 g Kohlenhydrate, 8 g Fett, 18 g Eiweiß

Zubereitungszeit: 20 Minuten

Zutaten:
Hähnchenkeulen:

2 Hähnchenkeulen (ausgelöst)
Eine halber Esslöffel Erdnussöl
Etwas Salz

Spinat:

Etwas Salz
250 g Babyspinat (gewaschen, abgetropft)
Gemahlener schwarzer Pfeffer
20 g Butter

Zubereitung:

Ein leckeres Hähnchensteak enthält viel Eiweiß und schmeckt dazu auch noch hervorragend! Es erfordert nur minimalen Aufwand und auch wenige Zutaten!

1. Zuerst können Sie etwas Erdnussöl in einer Pfanne verreiben, die Hähnchenstücke mit der Außenseite in die Pfanne legen und etwas salzen.

2. Danach soll das Fleisch etwa 10 Minuten gebraten und alle zwei Minuten gewendet werden.

3. Währenddessen können Sie einen Topf nehmen und Salz, Pfeffer und Butter dort so lange erhitzen, bis alles braun wird.

4. Nun den Spinat hinzufügen, eine Minute kochen lassen und danach alles gut miteinander umrühren.

5. Nach zwei weiteren Minuten den Spinat gut abtropfen lassen.

6. Zuletzt die gebratenen Hähnchensteaks zusammen mit dem Spinat auf einem Teller anrichten.

FRUCHTSALAT

Nährwerte: 70 kcal, 4 g Kohlenhydrate, 3 g Fett, 7 g Eiweiß

Zubereitungszeit: 10 Minuten

Zutaten:

1 TL Zitronensaft
1 Zwiebel
4 Datteln (getrocknet)
1 EL Orangensaft
1 TL Honig
1 TL Olivenöl
200 g Rucola
2 Äpfel
1 Prise Pfeffer

Zubereitung:

Dieser Salat enthält eine große Vielfalt an Nährstoffen und schmeckt wirklich gut!

1. Zu Beginn soll die Gurke gewaschen und in kleine Stücke geschnitten werden. Im Anschluss auch den Apfel in Scheiben schneiden und mit Zitronensaft bedecken.
2. Nun auch die Zwiebeln schälen und in dünne Streifen schneiden.

3. Für das Dressing können Sie den Senf, den Pfeffer sowie den Honig, das Olivenöl und den Orangensaft miteinander verrühren.

STEAK MIT GEMÜSE

Nährwerte: 471 kcal, 3 g Kohlenhydrate, 4 g Fett, 21 g Eiweiß

Zubereitungszeit: 30 Minuten

Zutaten:

Polenta:

Etwas Salz
Gemahlener Pfeffer
30 g Parmesan (gerieben)
15 g Olivenöl
60 g Polenta

Fleisch:

220 g Rindfleisch (in Streifen geschnitten)
Ein halber Löffel Erdnussöl

Gemüse:

Eine halbe rote Paprikaschote (Scheidewände und Samen entfernt)
200 g Gemüsestreifen
20 g Butter
Gemahlener Pfeffer
Etwas Salz

Zubereitung:

Auch ein exklusives Steak ist ein hervorragendes Mittagessen und zudem auch nicht sehr aufwendig!

1. Zu Beginn können Sie die Paprikastücke und die Gemüsestreifen zusammen mit dem Salz, dem Pfeffer und der Butter in einem Topf (geschlossen) zwei Minuten kochen lassen. Nach 2 Minuten den Deckel vom Topf nehmen.

2. Währenddessen soll die Polenta mit etwa 200 ml Wasser, Olivenöl, Pfeffer und Salz in einem zweiten Topf einige Minuten gekocht werden. Danach alles gut umrühren, die Hitze etwas verringern und Parmesan hinzufügen. Nun eine Pfanne mit etwas Erdnussöl befüllen und diese leicht erhitzen.

3. Im Anschluss das Rindfleisch darin kurz braten und einige Male wenden. Zuletzt die Polenta auf einem Teller gleichmäßig verteilen und das Fleisch und das Gemüse anrichten.

4. Das Fleisch etwas Salzen und mit Parmesan bestreuen.

ZIEGENKÄSE

Nährwerte: 177 kcal, 11 g Kohlenhydrate, 13 g Fett, 6 g Eiweiß

Zubereitungszeit: 15 Minuten

Zutaten:

Ziegenkäse:

8 Babyspinatblätter (gewaschen und getrocknet)
2 Blätter Brickteig (oder Frühlingsrollenteig)
1 EL Erdnussöl
2 Stücke Ziegenkäserollen (groß)

Salat:

Etwas Salz
Gemahlener Pfeffer
1 TL Honig
6 g Leinöl
6 g Olivenöl
12 g milder Weißweinessig
60 g fertiger Salat
1 Chicorée (in Streifen geschnitten)

Dazu:

40 g Heidelbeeren
4 Pekannüsse (gehackt)
4 Paranüsse (gehackt)

Zubereitung:

Dies ist eine schnelle und einfache Variante für ein gutes Mittagessen, falls man mal keine Zeit hat aufwendig zu kochen!

1. Zuerst müssen Sie die Spinat- sowie die Rucolablättchen und den Ziegenkäse mit dem Brickteig vermischen.

2. Nun soll etwas Erdnussöl in einer Pfanne erhitzt und die kleinen Brickteig-patten dort von beiden Seiten angebraten werden.

3. Währenddessen können Sie das Salz, den Pfeffer, den Honig und den Essig in einer Schale gut miteinander verrühren und im Anschluss etwas Lein- und Olivenöl hinzufügen. Nun soll der Salat mit der Vinaigrette und dem Chicorée vermengt werden.

4. Zuletzt kann der Salat auf einen Teller und die Heidelbeeren sowie die Nüsse als Deko hinzugegeben werden. Den Ziegenkäse können Sie in die Mitte des Salates legen.

HÄHNCHEN MIT BOHNEN UND KOHL

Nährwerte: 110 kcal, 1 g Kohlenhydrate, 3 g Fett, 22 g Eiweiß

Zubereitungszeit: 30 Minuten

Zutaten:

Hähnchenbrust:

300 g Hähnchenbrust (küchenfertig, ohne Haut)
2 Thymianzweige
7 Stängel Petersilie (klein gehackt)
Etwas Sonnenblumenöl
Etwas Salz

Kohl:

2 EL Olivenöl
Etwas Salz
2 EL Weißweinessig
1 Zwiebel (in Ringe geschnitten)
150 g weiße Bohnen (abgetropft)
Ein halber Spitzkohl (in Streifen geschnitten)
Gemahlener Pfeffer

Zubereitung:

Dieses Rezept ist besonders eiweißhaltig und zudem auch noch sehr gesund!
Es erfordert relativ wenig Aufwand und schmeckt sehr intensiv!

1. Zu Beginn können Sie etwas Sonnenblumenöl in einem Wok warm machen und die Zwiebeln dazugeben und leicht anbraten. Danach soll der Spitzkohl hinzugefügt und ebenfalls eine Minute gebraten werden.

2. Im Anschluss das Salz, den Pfeffer, den Weißweinessig und die Bohnen in den Wok geben und zwei Minuten garen lassen. Währenddessen können Sie

eine zweite Pfanne nehmen und diese ebenfalls mit etwas Sonnenblumenöl erhitzen.

3. Nun die Hähnchenbrust in ungefähr 10 flache Scheiben schneiden und zusammen mit den Thymianzweigen so lange braten, bis alles knusprig und goldbraun geworden ist.

4. Zum Schluss das Fleisch salzen und mit Petersilie belegen.

INGWER-REIS

Nährwerte: 231 kcal, 49 g Kohlenhydrate, 2 g Fett, 6 g Eiweiß

Zubereitungszeit: 10 Minuten

Zutaten:

4 Zwiebeln (gehackt)
1 TL Salz
400 g Jasminreis
2 EL Olivenöl
Ein halber Teelöffel Ingwer (gehackt)

Zubereitung:

Dieser Reis ist eine perfekte Beilage und schmeckt unglaublich lecker!

1. Eine Pfanne nehmen und dort das Olivenöl etwas erwärmen. Danach die Zwiebeln darin ein bisschen anbraten und im Anschluss den Reis, den Ingwer und das Salz hinzufügen.

2. Nun etwas Wasser hinzugeben und alles etwa 10 Minuten kochen. Wenn die Flüssigkeit verdunstet ist und aufgesogen wurde, ist der Reis fertig.

HARISSA

Nährwerte: 35 kcal, 3 g Kohlenhydrate, 3 g Fett, 1 g Eiweiß

Zubereitungszeit: 10 Minuten

Zutaten:

4 rote Chilis (gehackt und entkernt)
60 ml Olivenöl
1 EL Zitronensaft
1 geröstete Paprika
1 TL Korianderpulver
2 Knoblauchzehen (gehackt)
1 TL Kreuzkümmelpulver

Zubereitung:

1. Zu Beginn die Haut der gerösteten Paprika abschneiden und diese dann in grobe Stücke zerkleinern.

2. Nun die Paprika zusammen mit den restlichen Zutaten in einem Mixer zerkleinern und zu einer gleichmäßigen Masse pürieren. Die Paste für eine Nacht in den Kühlschrank stellen.

COUSCOUS

Nährwerte: 353 kcal, 70 g Kohlenhydrate, 2 g Fett, 11 g Eiweiß

Zubereitungszeit: 10 Minuten

Zutaten:

20 g Butter
Grober Pfeffer
185 g Couscous
Salz

Zubereitung:

Couscous ist eine perfekte Beilage und schmeckt auch noch unglaublich lecker!

1. Zu Beginn eine Schüssel nehmen und den Couscous zusammen mit der Butter hineingeben.

2. 250 ml Wasser kochen lassen. Das kochende Wasser in die Schüssel geben. Alles für etwa 10 Minuten ziehen lassen. Zuletzt mit dem Salz und dem Pfeffer würzen und alles gut vermischen.

Desserts

DIP MIT SCHOKO UND VANILLE

Nährwerte: 491 kcal, 35 g Kohlenhydrate, 38 g Fett, 9 g Eiweiß

Zubereitungszeit: 10 Minuten

Zutaten:

2 Bananen
2 EL Kakaopulver
Ein halber Teelöffel gemahlene Vanille
1 Dose (etwa 400 ml) Kokosmilch

Zubereitung:

Mit diesem Dip kann man unglaublich viele Speisen versüßen! Egal ob Pfannkuchen, Früchte oder Waffeln – der Dip passt zu allem!

1. Zuerst können Sie alle Zutaten (bis auf das Kakaopulver) in eine große
Schale geben und mit einem Mixer miteinander verrühren, bis alles zu einem
cremigen Masse wird.

2. Danach eine Hälfte der entstandenen Creme in eine zweite Schale geben.

3. Für den Schoko-Dip das Kakaopulver in die erste Schale geben und alles
gut verrühren.

4. Nun beide Schalen für einige Stunden in den Kühlschrank stellen.

5. Fertig sind die Dips!
Die Zubereitungszeit dauert nur 10 Minuten! Der Dip ist perfekt für viele
Speisen geeignet und erfordert nur wenige Zutaten!

SÜßES FRUCHT-DESSERT

Nährwerte: 99 kcal, 19 g Kohlenhydrate, 2 g Fett, 3 g Eiweiß

Zubereitungszeit: 20 Minuten

Zutaten:

3 Kiwis
2 EL Honig
Saft von einer Limette
150 g Himbeeren
150 g einer Honigmelone
100 ml Wasser

Zubereitung:

Dieses leckere Frucht-Gazpacho ist nicht sehr aufwendig und schmeckt hervorragend!

1. Zu Beginn sollen die Himbeeren aufgetaut, die Honigmelone geschält und in mundgerechte Stücke geschnitten werden.

2. Danach können Sie die Kiwis schälen und ebenfalls in Stücke schneiden. Die Kiwistücke dienen als Deko.

3. Nun kann der Honig mit den Himbeeren zu einer gleichmäßigen Masse gerührt werden.

4. Im Anschluss soll die Masse durch ein feines Sieb gegossen werden, damit die Kerne entfernt werden können.

5. Nun können Sie das Püree mit Mineralwasser vermischen.

6. Danach soll die Kiwi zusammen mit dem Limettensaft püriert und vorerst zur Seite gestellt werden.

7. Die Melone soll ebenfalls püriert werden.

8. Zuletzt die entstandene Kiwimischung in hohe Gläser füllen und danach das Melonenpüree darüber füllen.

9. Zum Schluss das Himbeerpüree in die Gläser geben und alles mit den Kiwischeiben dekorieren.

LECKERER APFELPUDDING

Nährwerte: 266 kcal, 26 g Kohlenhydrate, 18 g Fett, 4 g Eiweiß

Zubereitungszeit: 50 Minuten

Zutaten:

1 Dose (etwa 400 ml) Kokosmilch
3 EL Chiasamen
1 Blatt Gelatine
1 EL Zimt
2 Äpfel (säuerlich)
Ein halber Teelöffel gemahlene Vanille

Deko:

Zimtpulver
Getrocknete Apfelscheiben

Zubereitung:

Dieser Apfelpudding ist unglaublich geschmacksintensiv und eine hervorragende Wahl für ein entspanntes Dessert am Abend!

1. Zuerst können Sie die Äpfel waschen, schälen und in kleine Stücke schneiden.
2. Im Anschluss die Stücke zusammen mit der Kokosmilch in einem Topf kochen lassen und nach einigen Minuten die Hitze etwas reduzieren.

3. Danach die Vanille und den Zimt hinzufügen und etwa eine halbe Stunde lang kochen lassen, bis die Äpfel weich werden.

4. Währenddessen können Sie die Gelatine in einen Topf mit kaltem Wasser

geben und den Topf dann erhitzen, bis die Gelatine aufgelöst ist. Die Gelatine dann unter die Apfelmischung rühren.

5. Nun die Apfelmischung einige Minuten abkühlen lassen und alles mit einem Mixer zu einem Pudding pürieren. Im Anschluss die Chiasamen hinzufügen und den Pudding in kleine Förmchen füllen.

6. Nun alles einige Minuten abkühlen lassen und dann für 3 Stunden in den Kühlschrank stellen.

7. Nach 3 Stunden den Pudding aus dem Kühlschrank nehmen und mit den Apfelscheiben und ein bisschen Zimt verzieren.

SCHOKOBROWNIES

Nährwerte: 593 kcal, 47 g Kohlenhydrate, 43 g Fett, 9 g Eiweiß

Zubereitungszeit: 40 Minuten

Zutaten:

2 Eier
200 ml Olivenöl
2 EL Kokosmehl
1 TL Kokosöl
120 g Kakaopulver
2 TL gemahlene Vanille
1 Süßkartoffel
1 EL Weinstein-Backpulver

Zubereitung:

Schokobrownies sind immer eine gute Variante für ein leckeres Dessert und erfordern auch relativ wenig Aufwand

1. Zu Beginn den Ofen auf 180 Grad vorheizen.

2. Danach können Sie die Süßkartoffeln schälen und anschließend in kleine Streifen reiben.

3. Die Süßkartoffeln zusammen mit der Vanille, dem Honig sowie den Eiern und dem Olivenöl in einem Topf gut miteinander vermischen.

4. Nach dem Mischen das Backpulver, das Kokosmehl und den Kakao dazugeben und alles ebenfalls gut miteinander verrühren, bis ein gleichmäßiger Teig entsteht.

5. Dann zwei rechteckige Backformen nehmen, etwas mit Kokosöl einfetten und den Teig dort einfüllen.

6. Zuletzt soll der Teig für etwa 30 Minuten im Backofen backen.

Die Zubereitungszeit dauert ungefähr 40 Minuten. Die Brownies sind sehr geschmacksintensiv und erfordern wenig Zutaten!

BANANEN-KOKOS-KEKSE

Nährwerte: 593 kcal, 47 g Kohlenhydrate, 43 g Fett, 9 g Eiweiß

Zubereitungszeit: 30 Minuten

Zutaten:

1 EL Walnüsse
1 EL Chiasamen
30 g Kokosmehl
2 EL Honig
30 g Leinsamenmehl
1 Orange
2 EL Kokosraspeln
2 Bananen
Ein halber Teelöffel gemahlene Vanille

Außerdem:

1 EL Kokosraspeln
1 TL Kokosöl

Zubereitung:

Natürlich sind auch Kekse eine leckere Variante für ein gutes Dessert. Sie benötigen nur wenig Aufwand.

1. Zu Beginn den Ofen auf 150 Grad vorheizen. Danach die Orange waschen und ihre Schale abreiben. Die Schale in eine Schüssel geben. Im Anschluss die Banane schälen und in kleine Stücke schneiden.

2. Nun können Sie die Bananenstücke in die Schüssel mit der Orangenschale legen und zu einem gleichmäßigen Brei zerdrücken.

3. Dann sollen auch die Walnüsse in kleine Stücke gehackt und zu der

Bananen-Mischung hinzugefügt werden. Alles gut miteinander verkneten. Im Anschluss ein Backblech mit Backpapier auslegen und das Backpapier mit etwas Kokosöl bestreichen.

4. Nun können Sie aus der entstandenen Masse 12-13 Kugeln formen und diese auf das Backpapier legen. Die Kugeln mit einem großen Löffel flach drücken und die Seiten etwas glätten.

5. Nachdem alles fertig ist, die Kekse mit den Kokosraspeln gleichmäßig bestreuen und danach für etwa 25 Minuten in den Backofen geben. Nachdem sie fertig sind, die Kekse für einige Minuten abkühlen lassen.

TOFFEE-AUFSTRICH

Nährwerte: 192 kcal, 16 g Kohlenhydrate, 11 g Fett, 4 g Eiweiß

Zubereitungszeit: 15 Minuten

Zutaten:

50 g Butter
50 ml Schlagsahne
200 g Toffifee

Zubereitung:

Selbstgemacht Aufstriche schmecken besonders gut und punkten mit ihrer unglaublichen Frische!

1. Zu Beginn die Toffifee in kleine Stücke hacken.

2. Danach alle Zutaten in einen Topf geben und alles zusammen aufkochen lassen.

3. Zuletzt die Mischung so lange umrühren, bis eine gleichmäßige Creme entstanden ist.

ERDBEER-WAFFELN

Nährwerte: 423 kcal, 15 g Kohlenhydrate, 35 g Fett, 15 g Eiweiß

Zubereitungszeit: 30 Minuten

Zutaten:
Waffeln:

40 ml Kokosmilch
1 TL Weinstein-Backpulver
1 Prise Salz
1 TL Zimt
Ein halber Teelöffel gemahlene Vanille
2 EL Honig
2 Eier
2 EL Kakaopulver (ungesüßt)
160 g gemahlene Mandeln

Creme:

200 g Erdbeeren
2 TL Honig
2 TL Zitronensaft
30 g Kokosflocken

Außerdem:

Waffeleisen
Butter für das Waffeleisen

Zubereitung:

Waffeln sind eine perfekte Alternative für ein hervorragendes Dessert und benötigen nicht sehr viel Aufwand!

1. Für die Waffeln müssen Sie zuerst die Eier in einer Schale gut miteinander vermischen und die Kokosmilch sowie den Honig in die Masse hinzugeben.

2. Danach alle anderen Zutaten für die Waffeln nacheinander dazugeben.

3. Nun soll ein Waffeleisen warm gemacht und mit etwas Butter bestrichen werden.

4. Nachdem das Waffeleisen heiß genug ist, können Sie anfangen, je einen bis zwei Esslöffel des Teigs in die Mitte des Waffeleisens zu geben.

5. Dabei soll jede Waffel für ungefähr 5 Minuten im Waffeleisen gebacken werden. Das Waffeleisen zwischendurch mit der Butter einölen.

6. Nun den Ofen auf 80 Grad vorheizen und die fertigen Waffeln auf ein mit Backpapier ausgelegtes Backblech legen, um sie warmzuhalten.

7. Zuletzt müssen Sie für die Creme die Erdbeeren waschen und diese im Anschluss in Stücke schneiden.

8. Zuletzt alle Zutaten für die Creme in einen Mixer geben und alles gut zu einer gleichmäßigen Masse mixen.

9. Nun alle auf einem passenden Teller anrichten und die Creme auf die Waffeln geben.

BANANEN-EIS

Nährwerte: 137 kcal, 16 g Kohlenhydrate, 6 g Fett, 4 g Eiweiß

Zubereitungszeit: 10 Minuten

Zutaten:

150 ml Kokosöl
1 EL Zimt
3 Bananen
(2 EL Mandelmus, wenn vorhanden)

Zubereitung:

Auch ein leckeres Bananeneis ist schnell gemacht und eine perfekte Variante für ein sommerliches Dessert!

1. Die Bananen schälen und in kleine Würfel schneiden. Nun die Bananenwürfel für etwa 5 Stunden in die Tiefkühltruhe legen.

2. Die Kokosmilch für ebenfalls 5 Stunden in den Kühlschrank stellen.

3. Vor dem Servieren können Sie dann beide Zutaten herausnehmen und die Bananenstücke sowie die Kokosmilch mit einem Mixer gut vermischen, bis eine gleichmäßige Creme entsteht.

4. Zuletzt kann dann ggf. das Mandelmus untergerührt werden und alles in einer Schale serviert werden.

Die Zubereitungszeit dauert ungefähr 10 Minuten und erfordert fast keinerlei Aufwand!

MANGO-EIS

Nährwerte: 61 kcal, 9 g Kohlenhydrate, 2 g Fett, 2 g Eiweiß

Zubereitungszeit: 10 Minuten

Zutaten:

150 ml Kokosöl
1 Mango
(ggf. 2 EL Zitronensaft, wenn vorhanden)
(ggf. 1 EL Honig)

Zubereitung:

Auch eine Mangovariante als Eis darf natürlich nicht fehlen, falls Sie es sich im Sommer etwas tropischer wünschen!

1. Dafür zuerst die Mango schälen, entkernen und in kleine Würfel schneiden.

2. Nun die Mangowürfel für etwa 5 Stunden in die Tiefkühltruhe legen.

3. Die Kokosmilch für ebenfalls 5 Stunden in den Kühlschrank stellen.

4. Vor dem Servieren können Sie dann beide Zutaten herausnehmen und die Mangostücke sowie die Kokosmilch mit einem Mixer gut mixen, bis eine gleichmäßige Creme entsteht.

5. Zuletzt können dann ggf. der Zitronensaft und der Honig untergerührt und danach alles in einer Schale serviert werden.
Die Zubereitungszeit dauert ungefähr 10 Minuten und erfordert fast keinerlei Aufwand!

SCHOKOLADENSOUFFLÉ

Nährwerte: 462 kcal, 26 g Kohlenhydrate, 37 g Fett, 7 g Eiweiß

Zubereitungszeit: 60 Minuten

Zutaten:

125 g Butter (in Würfeln)
100g Zartbitterschokolade
2 EL gehackte Pistazien
2 Eier
190 g Datteln (entkernt)
150 g Mehl (mit einer Prise Salz und 5 g Backpulver vermischt)
4 Schokoladenstücke
1 TL Kardamompulver
(4 Souffléformen)

Zubereitung:

Ein leckeres Schokoladensoufflé ist eine leckere Variante für ein leckeres Dessert!

1. Zu Beginn soll der Ofen auf 180 Grad erhitzt werden. Danach die vier Souffléformen von innen mit Butter bestreichen.

2. Im Anschluss können Sie die Datteln zusammen mit etwa 250 ml Wasser weichkochen lassen und diese danach mit einer Gabel leicht zerdrücken.

3. Nun können die Zartbitterschokolade und die Butter in den Topf hinzugefügt werden.

4. Alles zusammen im Topf schmelzen lassen und zwischendurch gut umrühren. Nachdem alles geschmolzen ist, können Sie den Topf vom Herd nehmen

und einige Minuten abkühlen lassen.

5. Währenddessen die Eier aufschlagen und mit dem Zucker gut miteinander verrühren. Die Mischung dann in die Schokoladenmasse geben und einrühren.

6. Nun auch das Kardamompulver und das Mehl in die Masse unterrühren.

7. Den fertigen Teig dann in die Souffléformen geben und diese in den Backofen geben.

8. Im Anschluss etwas Wasser in die Formen gießen, damit sie ungefähr zur Hälfte im Wasser stehen.
9. Nun etwas Alufolie mit Butter einfetten und die Formen mit der Alufolie bedecken.

10. Danach können Sie alles für etwa 40 Minuten in den Ofen stellen.

11. Nachdem das Soufflé fertig ist, kann es aus den Formen genommen und angerichtet werden.

12. Ggf. mit Schokoladenstücken und Pistazien dekorieren.

Die Zubereitungszeit dauert etwa 1 Stunde. Der Aufwand lohnt sich jedoch definitiv!

FRUCHTAUFSTRICH

Nährwerte: 155 kcal, 14 g Kohlenhydrate, 6 g Fett, 3 g Eiweiß

Zubereitungszeit: 15 Minuten

Zutaten:

Eine halbe Vanilleschote
2 EL Süßstoff (flüssig)
250 g frische Beeren oder 300 g Kiwi
1 EL Chiasamen

Zubereitung:

Selbstgemacht Aufstriche schmecken besonders gut und punkten mit ihrer unglaublichen Frische!

1. Zu Beginn die Beeren oder die Kiwi zusammen mit ihrer Flüssigkeit in einem Mixer pürieren und im Anschluss die Chiasamen hinzufügen.

2. Danach die Vanilleschote aufschneiden und ihr Inneres zu der Frucht-Mischung hinzugeben. Nun auch die restlichen Zutaten in die Mischung geben und alles gut miteinander verrühren.

SCHOKO-MOUSSE-TASSEN

Nährwerte: 345 kcal, 28 g Kohlenhydrate, 26 g Fett, 8 g Eiweiß

Zubereitungszeit: 60 Minuten

Zutaten:

1 TL Vanilleextrakt
2 EL Kakaopulver
3 Eigelb
2 EL Kakaopulver
25 g Butter
1 TL Zimt
190 g Sahne
170 g Zartbitterschokolade

Zubereitung:

Die Schoko-Mousse-Tassen sind eine perfekte und unglaublich leckere Variante für ein gutes Dessert!

1. Zuerst können Sie die Schokolade mit der Butter in einen Topf geben und diesen mit Wasser füllen, bis beide Zutaten bedeckt sind. Nun soll das Wasser gekocht und die Schokolade mit der Butter dort geschmolzen werden.
2. Nachdem alles geschmolzen ist, den Topf vom Herd und einige Minuten abkühlen lassen.

3. Im Anschluss können Sie auch die Sahne zu einer gleichmäßigen Masse schlagen und/den Zimt und das/ Vanilleextrakt hinzugeben und weiter umrühren.

4. Anschließend die Masse in den Kühlschrank stellen

5. Währenddessen soll ein weiterer Topf mit Wasser aufgefüllt und zum Kochen gebracht werden

6. Nun die Eigelbe, 50 ml Wasser und den Zucker in den Topf geben und alles zu einem Schaum schlagen. Nachdem alles schaumig geworden ist, auch diesen Topf vom Herd nehmen und für einige Minuten in den Kühlschrank stellen.

7. Nun beides aus dem Kühlschrank nehmen und die Ei-Mischung in die Schokoladenmischung rühren und zuletzt die gekühlte Sahne ebenfalls hinzufügen.

8. Zum Schluss können Sie die Mischung in 4 mittelgroße Tassen füllen und alles für eine halbe Stunde kaltstellen.

9. Ggf. können Sie vor dem Servieren etwas Kakaopulver auf die Mousse streuen.

Die Zubereitungszeit dauert etwa 1 Stunde. Der Aufwand lohnt sich jedoch definitiv!

LECKERER BLAUBEERKUCHEN

Nährwerte: 359 kcal, 50 g Kohlenhydrate, 18 g Fett, 4 g Eiweiß

Zubereitungszeit: 60 Minuten

Zutaten:

4 Eiweiß
Ein halber Teelöffel Vanilleextrakt
100 g Pecannüsse
100 g Mehl (3 g Backpulver und 1 Prise Salz hinzufügen)
100 g Blaubeeren
Eine abgeriebene Zitrone
150 g geschmolzene Butter
250 g Crème fraîche
250 g feiner Zucker

Zubereitung:

Ein leckerer Blaubeerkuchen ist immer eine gute Dessertvariante und erfordert nicht sehr viel Aufwand!

1. Zu Beginn soll der Backofen auf 150 Grad vorgeheizt werden. Danach können Sie eine Backform mit den Maßen von 15x30 cm etwas einfetten und mit Backpapier belegen. Im Anschluss die Pecannüsse in einem Mixer zu kleinen Stücken zerkleinern und danach das Mehl, den Zucker und die geriebene Zitronenschale ebenfalls hinzugeben und alles gut durchmixen.

2. Nun die vermischten Zutaten in einen Topf geben und die geschmolzene Butter dort unterrühren. Dann das Eiweiß zu einer steifen Masse zerschlagen und zum Pecannussteig hinzufügen.

3. Im Anschluss den entstandenen Teig in die Backform einfüllen und die Blaubeeren darauf verteilen.

4. Den Kuchen für eine halbe Stunde in den Ofen stellen und zwischendurch einmal umdrehen.

5. Währenddessen die Crème fraîche in eine kleine Schüssel geben und zusammen mit dem Vanilleextrakt gut umrühren.

6. Zuletzt den Kuchen aus dem Ofen nehmen, in Stücke schneiden und die Crème fraîche auf den Stückchen verteilen.

SCHOKO-BROWNIES

Nährwerte: 377 kcal, 53 g Kohlenhydrate, 23 g Fett, 5 g Eiweiß

Zubereitungszeit: 60 Minuten

Zutaten:

100 g weiße Schokolade (in mittelgroße Stücke gehackt)
140 g Haselnüsse
4 Eier
80 g Mehl (mit 3 g Backpulver und 1 Prise Salz gemischt)
Ein halber Teelöffel Salz
100 g Zartbitterschokolade (in mittelgroße Stücke gehackt)
1 EL Vanilleextrakt
Ein halber Teelöffel Salz
60 g Kakaopulver (ungesüßt)
340 g Zucker
250 g geschmolzene Butter

Zubereitung:

Die Brownies erfordern einige Zutaten, schmecken dafür aber unglaublich lecker!

1. Zu Beginn soll der Backofen auf 175 Grad vorgeheizt werden.

2. Danach können Sie eine Backform mit den Maßen von 23x30 cm etwas einfetten und mit Backpapier belegen.

3. Nun die Haselnüsse auf das Backblech legen und diese im Backofen etwa 5-8 Minuten rösten, bis sie goldbraun werden.

4. Im Anschluss können Sie die Nüsse in ein Tuch legen, die Ecken des Tuchs

zusammenfassen und die Haselnüsse dabei aneinander reiben, um so ihre Hüllen/Schalen zu entfernen.

5. Als Nächstes die Hüllen wegwerfen und die Nüsse in kleine Stücke zerhacken.

6. Danach die Eier und den Zucker in einer passenden Schüssel kräftig schlagen, bis sie schaumig werden.

7. Nun das Salz, den Vanilleextrakt, das Kakaopulver und das Mehl in die schaumige Masse hinzufügen und alles gut miteinander vermischen.

8. Zuletzt auch die Nüsse, sowie die gehackte Schokolade in die Mischung hinzugeben und alles in die Backform füllen.

9. Die Brownies für 30 Minuten in den Ofen geben und danach in kleine Stücke schneiden.

Die Zubereitungszeit dauert etwa 1 Stunde. Die Brownies schmecken wirklich gut und sind den Aufwand definitiv wert!

GEBACKENE PFIRSICHE

Nährwerte: 361 kcal, 38 g Kohlenhydrate, 20 g Fett, 8 g Eiweiß

Zubereitungszeit: 30 Minuten

Zutaten:

60 g brauner Zucker
4 frische Pfirsiche
1 EL Vanilleextrakt
Etwas Vanilleeis
20 g Kokosraspeln

Zubereitung:

Natürlich sind auch frische Pfirsiche eine leckere Variante für ein schönes Dessert!

1. Zu Beginn soll der Backofen auf 180 Grad vorgeheizt werden.

2. Nun können Sie die Pfirsiche in zwei Hälften schneiden und diese mit der Schnittseite auf ein mit Backpapier ausgelegtes Backblech legen.

3. Danach eine kleine Schüssel nehmen und dort den Vanilleextrakt zusammen mit dem Zucker gleichmäßig mit den Fingern oder einem kleinen Löffel gut verkneten.

4. Im Anschluss die entstandene Masse mit einem Löffel in die Pfirsichhälften legen.

5. Zuletzt alles für 20 Minuten in den Backofen geben und danach in kleinen

Dessertschalen servieren.

Die Zubereitungszeit dauert hier nur eine halbe Stunde und erfordert fast gar keinen Aufwand!

ANANAS-KOKOSEIS

Nährwerte: 73 kcal, 19 g Kohlenhydrate, 1 g Fett, 1 g Eiweiß

Zubereitungszeit: 20 Minuten

Zutaten:

Eis:

400 ml Kokoscreme
55 g feiner Zucker
250 g Ananas (in Würfel geschnitten)

Zuckerglas (Chili):

Ein halber Teelöffel Chiliflocken
150 g feiner Zucker

Zubereitung:

Ananas-Kokoseis sind ein hervorragendes Dessert, falls Sie mal Lust auf etwas Tropisches und vor allem Frisches haben!

1. Zuerst können Sie eine Backform (mit den Maßen 8x16 cm) mit etwas Backpapier auslegen.

2. Im Anschluss einen Topf nehmen und den Zucker mit den Ananaswürfeln dort etwa 10 Minuten kochen lassen. Danach den Topf vom Herd nehmen und einige Minuten abkühlen lassen.

3. Nun können die Ananaswürfel der Kokoscreme hinzugefügt werden.

4. Danach können Sie die entstandene Creme in die Backform geben und über

Nacht in die Kühltruhe legen.

5. Für das Zuckerglas können Sie ein Backblech mit Backpapier auslegen und die Chiliflocken sowie den Zucker in einen Topf geben. Im Anschluss soll der Topf erhitzen werden, bis der Zucker anfängt zu schmelzen.

6. Wenn der Zucker aufgelöst ist, kann der Topf vom Herd genommen und auf dem Backblech verteilt werden.

7. Nun das Eis in eine Platte oder einen Teller legen und es mit dem Chilizucker übergießen.

GEBACKENER PUDDING

Nährwerte: 318 kcal, 47 g Kohlenhydrate, 14 g Fett, 3 g Eiweiß

Zubereitungszeit: 60 Minuten

Zutaten:

Ein halber Teelöffel weiße Pfefferkörner
90 g Honig
6 Kardamomkapseln
45 g Kokosöl
4 ganze Nelken
Ein kleines Stück Ingwer (geschält und in Scheiben geschnitten)
2 Eigelb
3 Eier
Etwas Kakaopulver
300 ml Sahne
1 Beutel schwarzer Tee (stark)
1 Zimtstange
250 ml Milch

Zubereitung:

Dieses exotische Dessert ist eine wahre Kalorienbombe und dazu unglaublich
lecker! Er ist etwas aufwendig, trotzdem lohnt es sich definitiv, ihn zuzube-
reiten!

1. Zu Beginn soll der Ofen auf 180 Grad vorgeheizt werden.

2. Als Nächstes können Sie die Gewürze zerhacken und zu feinem Sand zer-
stampfen.

3. Nun einen Topf nehmen und die Milch, die Kokosraspeln, den Beutel Tee,
die Ingwer und die Sahne zusammen mit den zerkleinerten Gewürzen dazugeben.

4. Im Anschluss den Topf mit den Zutaten etwas erhitzen und dabei alles leicht umrühren.

5. Bevor alles anfängt zu kochen, sollten Sie den Topf vom Herd nehmen und ihn etwa 10 Minuten abkühlen lassen.

6. Danach die Eier, den Honig und das Eigelb in einer großen Schüssel gut miteinander verrühren und die Sahne-Mischung zu der Eier-Mischung hinzufügen und alles wieder umrühren.

7. Nun einen Krug (oder ein passendes Gefäß) nehmen und die entstandene Mischung durch ein feines Sieb in den Krug fließen lassen.

8. Im Anschluss soll ein Backblech mit Backpapier belegt und sechs hitzeresistente Tassen daraufgelegt werden.

9. Die Tassen können Sie nun mit dem Pudding befüllen.

10. Nun die Backform mit Wasser befüllen, bis die Tassen ungefähr zur Hälfte im Wasser stehen.

11. Zuletzt alles für etwa 50 Minuten in den Ofen stellen.

12. Wenn der Pudding fest geworden ist, können Sie ihn aus dem Ofen nehmen und bis zum Servieren in den Kühlschrank stellen.

APFELTASSEN MIT ZIMT

Nährwerte: 192 kcal, 31 g Kohlenhydrate, 14 g Fett, 4 g Eiweiß

Zubereitungszeit: 30-40 Minuten

Zutaten:

55 g feiner Zucker
50 g Butter
2 EL Zimt
95 g Butter
Abgeriebene Orange
Saft einer Orange
150 g Brotkrumen
6 grüne Kochäpfel (geschält, in dünne Stücke geschnitten)
Etwas Schlagsahne
95 g brauner Zucker

Zubereitung:

Äpfel mit Zimt sind eine wirklich leckere Dessertvariante und noch dazu schnell gemacht!

1. Zu Beginn soll der Ofen auf 180 Grad vorgeheizt werden. Danach Backpapier auf ein Backblech legen.

2. Nun können Sie den Zimt, die Orangenschale und die Brotkrumen in eine kleine Schüssel geben und dort gut miteinander verkneten.

3. Im Anschluss kann die Butter in einem Topf geschmolzen und danach auf der Brotkrumen-Mischung verteilt werden.

4. Nun die entstandenen Streusel auf dem Backblech verteilen und diese für

etwa 10 Minuten in den Ofen legen, bis sie knusprig werden.

5. Danach können Sie einen weiteren Topf nehmen und die Apfelstücke sowie den Saft einer Orange und den feinen Zucker dort hinzufügen.

6. Als Nächstes einen Deckel auf den Topf legen und die Mischung für etwa 10 Minuten kochen lassen, bis die Äpfel weich werden. Zwischendurch umrühren.

7. Zuletzt die Äpfel auf sechs kleine Schalen verteilen und die Streusel über sie kippen. Ggf. etwas Schlagsahne hinzufügen.

ZITRONENSOUFFLÉ

Nährwerte: 109 kcal, 20 g Kohlenhydrate, 2 g Fett, 5 g Eiweiß

Zubereitungszeit: 30-40 Minuten

Zutaten:

275 g feiner Zucker
60 g Butter
Saft von zwei Zitronen
1 TL Vanilleextrakt
3 Eier (Eigelb vom Eiweiß getrennt)
375 ml Milch
Etwas Schlagsahne
35 g Mehl (mit 1 g Backpulver vermischt)
Abgeriebene Schale von 2 Zitronen

Zubereitung:

Natürlich darf bei einem guten Dessert ein Zitronensoufflé nicht fehlen! Falls Sie es etwas frischer und fruchtiger mögen, ist das eine perfekte Variante für Sie!

1. Zu Beginn soll der Ofen auf 180 Grad vorgeheizt werden.

2. Danach sollen sechs hitzeresistente Tassen mit etwas Öl eingerieben werden.

3. Im Anschluss eine kleine Schale nehmen und die Butter sowie die Zitronenschale und den Zucker dort hinzufügen.

4. Danach auch den Vanilleextrakt und die Eigelbe in die Schale geben.

5. Als Nächstes können Sie dann die Milch und das Mehl beim Rühren

hinzugeben, bis die Mischung zu einem glatten Teig wird.

6. Als Letztes dann auch noch den Zitronensaft dazugeben.

7. Nun eine weitere Schüssel nehmen und dort zuerst das Eiweiß schlagen und danach zum Teig hinzufügen.

8. Jetzt können Sie den Teig in die Teetassen füllen und diese in eine passende Backform stellen.

9. Zuletzt muss etwas Wasser in die Backform gefüllt werden, bis die Tassen ungefähr zur Hälfte im Wasser stehen.

10. Anschließend die Backform mit den Tassen für ungefähr 25 Minuten in den Ofen stellen.

11. (Ggf. etwas Schlagsahne auf die fertigen Soufflés geben).

LECKERER KÄSEKUCHEN

Nährwerte: 173 kcal, 15 g Kohlenhydrate, 16 g Fett, 5 g Eiweiß

Zubereitungszeit: 60-90 Minuten

Zutaten:

500 g Ricotta
75 g Mehl
100 g feiner Zucker
Saft von 2 Zitronen
Etwas Puderzucker
125 ml Sahne
1 TL Vanilleextrakt
4 Eier (Eiweiß und Eigelb getrennt)
125 g Passionsfruchtmark (Maracuja)

Zubereitung:

Ein leckerer Käsekuchen ist ebenfalls ein sehr gutes Dessert für den Abend!

1. Zu Beginn soll der Ofen auf 180 Grad vorgeheizt werden. Nun eine tiefe Kuchenform einfetten.

2. Danach können Sie den Zucker sowie das Eigelb in einer großen Schale zu einer Creme rühren und im Anschluss den Ricotta, den Vanilleextrakt, die Zitronenschale, das Fruchtmarkt, den Zitronensaft und die Sahne dort hinzufügen.

3. Im Folgenden soll etwas Mehl in die Masse hinzugefügt werden.

4. Als Nächstes kann auch das Eiweiß zu einer gleichmäßigen Masse geschlagen und soll dann ebenfalls zur Mischung hinzugefügt werden.

5. Nun können Sie den Teig in die Kuchenbackform füllen und alles für 40 Minuten in den Ofen stellen.

6. Danach den Kuchen mit Alufolie bedecken und noch einmal für 15 Minuten im Ofen lassen.

7. Zum Schluss den Kuchen herausnehmen, einige Minuten abkühlen lassen und am Ende mit etwas Puderzucker bestreuen.

GRAPEFRUITSORBET

Nährwerte (pro Kugel): 76 kcal, 65 g Kohlenhydrate, 1 g Fett, 2 g Eiweiß

Zubereitungszeit: 30 Minuten

Zutaten:

2 Sternanis
750 ml frischer Grapefruitsaft (rosa)
Morellen Sauerkirschen (aus dem Glas)
220 g Zucker

Zubereitung:

Das Grapefruitsorbet benötigt nur wenige Zutaten und ist noch nicht wirklich aufwendig!

1. Zuerst können Sie 250 ml Wasser, den Zucker und den Sternanis in einen Topf geben und alles etwas erhitzen.

2. Wenn der Zucker sich nun aufgelöst hat, kann der Topf vom Herd genommen werden.

3. Währenddessen können Sie den Grapefruitsaft schon mal in eine Schüssel gießen.

4. Danach kann auch der geschmolzene Zucker in die Schale dazugegeben und der Sternanis entfernt werden.

5. Im Anschluss soll die entstandene Mischung einige Minuten abkühlen und zur Seite gestellt werden.

6. Nach einiger Zeit die Mischung in einen großen oder mehrere kleinere Plastikbecher geben und für eine Nacht in das Gefrierfach legen.

7. Nun das gefrorene Sorbet aus dem Gefrierfach nehmen und alles in einen Mixer geben.

8. Alles zu einer gleichmäßigen Masse zerkleinern und wieder für einige Stunden in ein Gefrierfach legen.

9. Zuletzt das fertige Sorbet in vier Schalen geben und ggf. mit einigen Kirschen dekorieren.

SAHNESCHALEN MIT ÄPFELN

Nährwerte: 221 kcal, 25 g Kohlenhydrate, 8 g Fett, 12 g Eiweiß

Zubereitungszeit: 60 Minuten

Zutaten:

2 Eiweiß
2 EL Puderzucker
100 g feiner Zucker
2 TL Rosenwasser
3 Äpfel (in Stückchen geschnitten)
300 ml geschlagene Sahne

Zubereitung:

Dieses Dessert wird normalerweise mit Erdbeeren zubereitet, für histaminintolerante Menschen sind diese jedoch nicht vorteilhaft. Als Alternative dienen hier frische Äpfel!

1. Zu Beginn soll der Ofen auf 120 Grad vorgeheizt werden. Im Anschluss können Sie ein Backblech vorbereiten und dieses mit Backpapier auslegen. Nun soll eine große Schale genommen und das Eiweiß zu einer gleichmäßigen Masse geschlagen und danach etwa die Hälfte des feinen Zuckers hinzugefügt werden. Dann alles einige Minuten gut miteinander verrühren und danach die restliche Menge des Zuckers dazugeben. Etwa 2 Minuten gut umrühren.

2. Dann können Sie die entstandene Mischung in sechs Portionen aufteilen und diese auf das Backpapier des Backbleches legen. Im Anschluss alles für etwa 1,5 Stunden backen lassen.

3. Nachdem die Portionen fertig gebacken sind, können diese aus dem Ofen genommen und zum Abkühlen auf ein Gitter gelegt werden.

4. Währenddessen können Sie die Äpfel in 1-2 cm große Stücke schneiden und sie zusammen mit dem Puderzucker und dem Rosenwasser in einer Schüssel verrühren. Das Ganze 10 Minuten stehen lassen.

5. Die abgekühlten Sahnedesserts dann in zwei Hälften zerbrechen und sie mit den geschnittenen Äpfeln und der Sahne in einigen Schüsseln anrichten.

BAISERROLLE

Nährwerte: 221 kcal, 25 g Kohlenhydrate, 8 g Fett, 12 g Eiweiß

Zubereitungszeit: 60 Minuten

Zutaten:

2 TL Speisestärke
1 TL Weißweinessig
5 Eiweiß
Etwas Puderzucker
1 TL Vanilleextrakt
150 g feiner Zucker
200 ml Schlagsahne (geschlagen)
2 Schalen Himbeeren
1 EL Orangenblütenwasser

Zubereitung:

Biaserrollen sind ein Schaumgebäck aus Zucker und schmecken wirklich hervorragend! Sie sind nicht sehr aufwendig in der Zubereitung und sehen noch dazu gut aus!

1. Zuerst soll der Ofen auf 160 Grad vorgeheizt werden.

2. Im Anschluss können Sie ein Backblech vorbereiten und dieses mit etwas Backpapier auslegen.

3. Nun soll eine große Schale genommen und das Eiweiß zu einer gleichmäßigen Masse geschlagen und danach 150 g des feinen Zuckers hinzugefügt werden. (Weiter umrühren).

4. Im Folgenden können der Vanilleextrakt, die Speisestärke und der Essig dazugegeben werden. Danach wieder alles gut umrühren.

5. Wenn die Mischung zu einer gleichmäßigen Masse geworden ist, können Sie diese auf dem Backpapier des Backblechs verstreichen.

6. Nun alles ungefähr 20 Minuten backen lassen.

7. Währenddessen ein zweites Backpapier nehmen und dieses mit Zucker bestreuen.

8. Im Anschluss die Baiserstücke aus dem Ofen nehmen und in den Zucker legen.

9. Danach die Masse von der kurzen Seite aus mit dem Backpapier zu einer Rolle aufrollen und einige Minuten stehen lassen.

10. Nun die Rolle wieder entrollen und vorerst beiseitelegen.

11. Als Nächstes die Himbeeren in eine Schüssel legen und mit dem Orangenblütenwasser bedecken (das Wasser gut auf den Himbeeren verteilen).

12. Zuletzt die Schlagsahne auf den aufgerollten Baiserrollen verteilen und am Ende ungefähr 2-3 cm frei lassen.

13. Die freie Fläche dann mit den Himbeeren belegen und alles wieder zu einer Rolle aufrollen.

14. Alles in 6 Rollen schneiden und ggf. mit Puderzucker bestreuen.

APRIKOSEN MIT HONIG UND LAVENDEL

Nährwerte: 338 kcal, 8 g Kohlenhydrate, 2 g Fett, 8 g Eiweiß

Zubereitungszeit: 20-30 Minuten

Zutaten:

2 EL Honig
75 g feiner Zucker
500 ml Milch
4 Eigelb
2 TL Lavendelblüten

Aprikosen:

1 halbierte Vanilleschote
8 halbierte Aprikosen
110 g feiner Zucker

Zubereitung:

Die Aprikosen erfordern nur wenig Aufwand und auch ebenso wenig Zutaten, sie sind aber trotzdem unglaublich lecker!

1. Zu Beginn können Sie einen Topf nehmen und den Honig, die Milch und den Lavendel dort erwärmen.

2. Währenddessen kann der Zucker zusammen mit dem Eigelb zu einer gleichmäßigen Masse geschlagen werden. Diese Masse kann dann zu der Milch-Honig Mischung hinzugefügt und gut umgerührt werden.

3. Nun die Mischung in eine große Schale gießen und den Topf gut waschen

und abtrocknen. Die Mischung können Sie dann durch ein dünnes Sieb wieder in den getrockneten Topf fließen lassen. Im Anschluss alles erhitzen und etwa 3 Minuten kochen lassen. Danach alles in einen Krug oder ein großes Glas füllen.

4. Für die Aprikosen können Sie die Vanilleschote und den Zucker zusammen mit 375 ml Wasser einige Minuten kochen lassen. Beim Kochen die Hitze etwas verringern. Nach 5 Minuten die Aprikosen hinzugeben und diese so lange kochen, bis sie weich werden. Zuletzt die fertigen Aprikosen auf einen Teller legen und mit der Soße aus dem Krug begießen.

FRISCHER OBSTSALAT

Nährwerte: 195 kcal, 16 g Kohlenhydrate, 12 g Fett, 4 g Eiweiß

Zubereitungszeit: 10-20 Minuten

Zutaten:

1 rote Papaya (geschält und in Spalten geschnitten)
2 Pfirsiche (in Scheiben geschnitten)
Fruchtfleisch einer Mango (in Stücke geschnitten)
1 EL Honig
4 Maracujas (halbiert)
75 g Zucker
2 EL Limettensaft
Ein halber Teelöffel Orangenblütenwasser

Zubereitung:

Auch ein frischer Obstsalat ist ein sehr leckeres Dessert und zudem schnell und einfach gemacht!

1. Zu Beginn können Sie einen Topf nehmen und 250 ml Wasser zusammen mit dem Zucker aufkochen.

2. Im Anschluss die Hitze etwas minimieren und alles einige Minuten kochen lassen. Zwischendurch umrühren, bis der Zucker sich auflöst.

3. Wenn sich der Zucker komplett aufgelöst hat, können Sie den Topf vom Herd nehmen und einige Minuten abkühlen lassen.

4. Nachdem der Sirup kalt geworden ist, den Limettensaft sowie den Honig und das Orangeblütenwasser hinzufügen und gut umrühren.

5. Zuletzt den Sirup eine Minute abkühlen lassen und danach in einen Krug

oder in eine Schale füllen.

6. Das Obst in mundgerechte Stücke schneiden und alles zusammen auf einen Teller geben und mit dem Sirup begießen. Ggf. kann auch anderes Obst verwendet werden.

HIMBEERGELEE

Nährwerte: 167 kcal, 39 g Kohlenhydrate, 1 g Fett, 2 g Eiweiß

Zubereitungszeit: 20 Minuten

Zutaten:

Saft einer Orange
85 g feiner Zucker
250 g frische Himbeeren
Ein halber Teelöffel Gelatine
4 Blätter weiße Gelatine
Etwas Sahne (Deko)

Zubereitung:

Dieses Himbeergelee ist besonders als Beilage oder Aufstrich sehr gut geeignet und schmeckt sehr intensiv und natürlich!

1. Zuerst einen Topf nehmen und dort den Orangensaft, die Himbeeren sowie den Zucker hinzufügen und alles erhitzen.

2. Wenn das Gelee anfängt, etwas zu köcheln, die Hitze reduzieren und 5 Minuten weiterkochen lassen. Nun können Sie das Gelee vom Herd nehmen und in einen Messbecher füllen.

3. Daraufhin das Rosenwasser hinzugeben und die Gelatine in einer großen Schüssel mit kaltem Wasser einweichen lassen.

4. Die kalte Gelatine in das aufgewärmte Gelee geben und alles gut miteinander umrühren.

5. Nun die ganze Masse in vier große Gläser füllen und diese mit etwas Frischhaltefolie abdecken.

6. Zuletzt die Gläser in den Kühlschrank stellen und sie für eine Nacht kalt werden lassen.

FRISCHE GEWÜRZKEKSE (EISTEE)

Nährwerte: 167 kcal, 39 g Kohlenhydrate, 1 g Fett, 2 g Eiweiß

Zubereitungszeit: 30-40 Minuten

Zutaten:

Eistee:

1 EL Zitronengras (klein gehackt)
Einige Eiswürfel
2 TL schwarzer Tee
Minzeblätter
90 g Honig

Sonst:

50 g Zwiebeln
1 TL Salz
150 g Reismehl
Ein halber Teelöffel Fenchelsamen
250 g Erdnussöl
1 TL Sesam
1 TL Mohnsamen
Ein halber Teelöffel Kurkumapulver
1 Eiweiß (geschlagen)

Zubereitung:

Diese Kekse sind eine etwas andere Variante, als sie wahrscheinlich kennen.
Sie beinhalten besondere Zutaten und schmecken zudem ganz besonders!

1. Zu Beginn können Sie für den Eistee das Zitronengras zusammen mit dem
Tee in einen großen Krug geben und 1,5 Liter kochendes Wasser hinzufügen.

2. Alles für 5 Minuten ziehen lassen und danach auch den Honig hinzufügen.

3. Nun einen weiteren Krug nehmen, alles dort reinfüllen und vorerst in den Kühlschrank stellen.

4. Im Anschluss eine große Pfanne nehmen und das Reismehl dort anbraten, bis es goldbraun wird. Zwischendurch umrühren.

5. Währenddessen können Sie die Kokosraspeln, die Zwiebeln, sowie 125 ml Wasser in einen Mixer geben und alles so lange pürieren, bis eine gleichmäßige Masse entstanden ist.

6. Nun die entstandene Mischung zusammen mit dem gebratenen Reismehl, dem kalten Eistee und den Gewürzen in eine große Schale geben und alle zu einem Teig umrühren.

7. Im Folgenden kleine, runde Kugeln daraus formen.

8. Daraufhin können Sie etwas Erdnussöl in einer großen Pfanne erwärmen und die kleinen Kugeln dort reingeben.

9. Diese sollen dann einige Minuten gebraten werden.

10. Zuletzt die fertig gebratenen Kekse zum Abtropfen auf eine Küchenrolle legen.

SCHOKOMUFFINS

Nährwerte: 432 kcal, 37 g Kohlenhydrate, 26 g Fett, 7 g Eiweiß

Zubereitungszeit: 30 Minuten

Zutaten:

2 EL Vanilleextrakt
100 ml Pflanzenöl
2 grüne Äpfel (gerieben)
250 g Naturjoghurt
2 Eier
1 EL Backpulver
2 EL Kakaopulver
Ein halber Teelöffel Zimt
35 g Haferkleie
335 g Mehl
185 g brauner Zucker

Cranberry-Butter:

100 g Butter (weich)
100 g Cranberrys (getrocknet)

Zubereitung:

Diese Schokomuffins erfordern nur wenig Aufwand und sind zudem unglaublich lecker!

1. Zu Beginn soll der Backofen auf 180 Grad vorgeheizt werden.

2. Muffinblech oder Muffinformen nehmen und 12 Stück davon einfetten.

3. Im Anschluss können Sie die Eier, das Öl und den Vanilleextrakt in eine Schüssel geben und alles miteinander verrühren.

4. Nun eine zweite Schüssel nehmen und das Kakaopulver, die geriebenen Äpfel und das Mehl dazugeben.

5. Im Folgenden dann auch die Haferkleie, das Backpulver, den Zucker und den Zimt hinzufügen und ebenfalls gut vermischen.

6. Nachdem alles gut verrührt wurde, können Sie nun auch die flüssigen Zutaten hinzugeben und alles kurz umrühren.

7. Danach kann der entstandene Teig in die Muffinformen gefüllt und für etwa 30 Minuten in den Ofen gestellt werden. Zum überprüfen können Sie einen Zahnstocher in einen Muffin stecken. Wenn beim Rausziehen kein Teig dran ist, sind die Muffins fertig.

8. Währenddessen können Sie für die Cranberry-Butter, die Cranberrys zusammen mit der Butter in einen Mixer geben und alles zu einer gleichmäßigen Masse rühren.

9. Die Masse auf ein Backpapier legen, diese dann zu einer Rolle formen und in den Kühlschrank stellen.

10. Zuletzt die Muffins zusammen mit der Cranberry-Butter servieren.

Die Zubereitungszeit dauert hier etwa eine halbe Stunde, was sich aber definitiv lohnt!

VANILLE-MAKRONEN

Nährwerte: 95 kcal, 7 g Kohlenhydrate, 7 g Fett, 2 g Eiweiß

Zubereitungszeit: 40 Minuten

Zutaten:

4 Eiweiß
1 TL Vanilleextrakt
250 g Mandeln (gehobelt)
1 Prise Salz
300 g feiner Zucker

Zubereitung:

Die Makronen sind eine sehr gute und vor allem auch sehr leckere Variation für zwischendurch!

1. Zu Beginn soll der Backofen auf 180 Grad erhitzt werden.

2. Danach können Sie etwas Backpapier nehmen und damit zwei Backbleche auslegen. Im Anschluss ein drittes Backblech mit den Mandelstücken belegen. Ohne Backpapier.

3. Für 5 Minuten im Ofen backen lassen und danach für einige Minuten zum Abkühlen zur Seite stellen.

4. Im Folgenden kann der Backofen auf 150 Grad herunter gedreht werden.

5. Danach können Sie das Eiweiß und eine Prise Salz in einen Mixer geben und alles zu einer gleichmäßigen Masse schlagen.

6. Beim Durchmischen immer wieder den Zucker dazugeben, bis die Mischung glänzt.

7. Nun können auch der Vanilleextrakt und die Mandeln aus dem Ofen dazugegeben werden.

8. Danach den fertigen Teig mit einem Löffel in etwa 40 kleine Kleckse auf ein Backblech geben und für etwa 25 Minuten im Ofen backen lassen.

9. Zuletzt die Makronen einige Minuten abkühlen lassen und danach servieren.

LECKERE CUPCAKES

Nährwerte: 95 kcal, 7 g Kohlenhydrate, 7 g Fett, 2 g Eiweiß

Zubereitungszeit: 30 Minuten

Zutaten:

Cupcakes:

125 g feiner Zucker
250 ml Milch
1 TL Vanilleextrakt
250 g Butter (weich)
375 g Mehl (mit 2 Prisen Salz und 8 g Backpulver gemischt)
2 Eier

Guss:

200 g Puderzucker (gesiebt)
1 EL Zitronensaft
Ein halber Teelöffel Zitronenschale (gerieben)
100 g Butter (weich)
1 TL Vanilleextrakt

Zubereitung:

Cupcakes sind unglaublich lecker und dazu auch noch ein schöner Anblick!

1. Zu Beginn soll der Backofen auf 180 Grad erhitzt werden. Nun ein Muffinblech nehmen und 15 Stück mit Papierförmchen auslegen.

2. Im Anschluss kann der Zucker zusammen mit der Butter in eine Schüssel gegeben und dort zu einer gleichmäßigen Creme gerührt werden. Danach auch noch die Eier hinzufügen und ebenfalls gut umrühren.

3. Im Folgenden auch den Vanilleextrakt und die Milch dazugeben und gut

durchmischen, bis ein cremiger Teig entsteht. Den Teig können Sie dann in die Förmchen füllen und für etwa 20 Minuten in den Ofen stellen.

4. Nachdem die Cupcakes fertig gebacken sind, diese für einige Minuten zum Abkühlen zur Seite stellen. Nun können Sie für den Guss den Puderzucker mit der Butter mischen und den Vanilleextrakt mit der Zitronenschale dazugeben und alles noch einmal gut verrühren.

5. Zuletzt einige Tropfen des Zitronensafts dazugeben.
Wenn eine dickflüssige Creme entstanden ist, diese auf den Cupcakes verteilen und mit Puderzucker bedecken

INGWER-KUCHEN

Nährwerte: 271 kcal, 64 g Kohlenhydrate, 1 g Fett, 3 g Eiweiß

Zubereitungszeit: 60 Minuten

Zutaten:

125 g Zuckersirup
125 g Butter
1 TL Ingwer (frisch, fein gerieben)
75 kandierter Ingwer (gehackt)
200 g Mehl (mit 1 Prise Salz und 6 g Backpulver gemischt)
1 TL Ingwerpulver
1 TL Natron
125 ml Buttermilch
125 g brauner Zucker
2 Eier

Zubereitung:

1. Dieser Kuchen ist sehr speziell und erfordert nur wenig Aufwand!

2. Zu Beginn soll der Backofen auf 180 Grad erhitzt werden.

3. Nun soll eine passende Backform (20x20 cm) eingefettet werden.

4. Im Anschluss können Sie eine Schüssel nehmen und das Natron zusammen mit dem Mehl und dem Ingwerpulver hineingeben.

5. Im Folgenden soll auch der Zucker mit der Butter vermischt werden und in die Schüssel hinzugefügt werden. Alles gut miteinander umrühren.

6. Nun auch den Sirup und den Ingwer hinzufügen und wieder alles gut verrühren.

7. Während dem Umrühren können Sie nun die Eier nacheinander in die Schüssel geben und die Buttermilch sowie alle trockenen Zutaten hinzufügen.

8. Zuletzt dann auch den kandierten Ingwer dazugeben und solange umrühren, bis ein gleichmäßiger Teig entstanden ist.

9. Den fertigen Teig dann in die Backform füllen und alles ungefähr 35 Minuten backen. Wenn der Kuchen fertig ist, kann er in dicke Scheibe geschnitten und auf einem Teller serviert werden.

FEIGEN MIT JOGHURT

Nährwerte: 150 kcal, 15 g Kohlenhydrate, 9 g Fett, 4 g Eiweiß

Zubereitungszeit: 60 Minuten

Zutaten:

2 EL feiner Zucker (zusätzlich)
1 Vanilleschote
200 ml Sahne
6 große und frische Feigen (halbiert)
600 g Naturjoghurt
4 Blätter weißer Gelatine
100 g feiner Zucker

Zubereitung:

Dies ist ein ganz besonderes und vor allem einzigartiges Rezept, was bei einem Familienessen auch ein guter Blickfang sein kann!

1. Zu Beginn können Sie die Gelatine in kaltes Wasser legen und dort einige Minuten einweichen lassen.

2. Währenddessen soll die Vanilleschote halbiert und dann zwischen dem Daumen und Zeigefinger gerieben werden, bis sie weich wird.

3. Nun einen kleinen Topf bereitstellen und die Vanilleschote sowie die Sahne mit dem Zucker leicht erhitzen. So lange umrühren, bis sich der Zucker auflöst.

4. Nun den Topf vom Herd nehmen und die Gelatine sowie das Innere der Vanilleschote hineinrühren.

5. Als Nächstes können Sie eine große Schüssel bereitstellen, den Joghurt dort hinein füllen und im Anschluss die Mischung aus dem Topf hinzufügen und alles gut miteinander umrühren.

6. Nun 6 Becher nehmen und die Masse dort gleichmäßig einfüllen. Die Oberfläche können Sie mit einem Löffel glätten.

7. Die Mischung für etwa eine halbe Stunde in den Kühlschrank stellen, bis sie fest wird.

8. Zuletzt jede Feigenhälfte mit etwas Zucker bestreuen und für ein paar Minuten auf einen Grill oder in den Ofen legen, bis der Zucker ein bisschen braun wird.

9. Nun können Sie den Pudding zusammen mit den warmen Feigen auf einem passenden Teller servieren.

Die Zubereitungszeit dauert etwa eine Stunde, was sich hier aber definitiv lohnt!

VANILLE-APFEL DESSERT

Nährwerte: 150 kcal, 15 g Kohlenhydrate, 9 g Fett, 4 g Eiweiß

Zubereitungszeit: 30 Minuten

Zutaten:

2 Eiweiß
6 grüne Äpfel (geschält, in Scheiben geschnitten)
1 EL Zitronensaft
1 Vanilleschote
Mandelkekse
75 g feiner Zucker
2 EL feiner Zucker (zusätzlich)

Zubereitung:

Dieses Dessert ist ebenfalls ein Blickfang für das Auge und schmeckt zudem auch noch unglaublich gut!

1. Zu Beginn die Vanilleschote halbieren und dann zwischen dem Daumen und Zeigefinger reiben, bis sie weich wird.

2. Im Anschluss können Sie einen Topf nehmen und 125 ml Wasser, den Zitronensaft, den Zucker sowie die Apfelscheiben und die Vanilleschote dazugeben und alles erhitzen. Zwischendurch umrühren.

3. Nun alles etwa 20 Minuten kochen lassen, bis die Äpfel zu einem gleichmäßigen Apfelmus geworden sind.

4. Danach das entstandene Apfelmus zum Abkühlen für einige Minuten zur Seite stellen.

5. Währenddessen können Sie in einer großen Schale die Eiweiß zu einer Masse schlagen und daraufhin auch zwei Esslöffel des feinen Zuckers hinzugeben und solange umrühren, bis die Masse glänzt.

6. Zuletzt kann auch das kühle Apfelmus in die glänzende Masse hinzugefügt und gut verrührt werden.

7. Alles in großen Gläsern servieren.

KOKOSRIEGEL

Nährwerte: 494 kcal, 49 g Kohlenhydrate, 31 g Fett, 4 g Eiweiß

Zubereitungszeit: 20 Minuten

Zutaten:

1 EL gemahlene Vanille
3 Eier
60 ml Kokosöl
1 Prise Salz
180 g Kokosraspeln
250 ml Kokosmilch
60 g Mandeln
60 ml Honig
2 EL Kokosmehl

Zubereitung:

Kokosriegel sind eine unglaublich leckere und einzigartige Dessert-Variante!

1. Zu Beginn soll der Ofen auf 160 Grad erhitzt werden. Nun können Sie eine Pfanne nehmen und dort das Kokosöl schmelzen.

2. Im Anschluss die Kokosmilch, den Honig, die Eier und die Vanille zusammen mit dem geschmolzenen Kokosöl vermischen und danach die Kokosraspeln, das Kokosmehl und das Salz in die Mischung dazugeben.

3. Alles gut miteinander verrühren, bis eine gleichmäßige Masse entsteht.

4. Nun können Sie ein Backblech nehmen und dieses mit Backpapier auslegen.

5. Danach soll die entstandene Masse in Quadratform (20 x 20 x 2 cm) auf das Backblech gestrichen und für ungefähr 30 Minuten in den Backofen gelegt werden.

6. Nun das gebackene Quadrat aus dem Ofen nehmen und dieses in gleichmäßig große Riegel schneiden.

PUDDING MIT APFEL

Nährwerte: 226 kcal, 35 g Kohlenhydrate, 9 g Fett, 4 g Eiweiß

Zubereitungszeit: 60 Minuten

Zutaten:

1 EL Zimt
3 EL Chiasamen
2 Äpfel
1 Dose (400 ml) Kokosmilch
1 Blatt Gelatine
Ein halber Teelöffel gemahlene Vanille

Sonstiges:

Puddingförmchen

Zubereitung:

Ein leckerer Pudding ist ebenfalls eine gute Variante für ein leckeres Dessert!

1. Zu Beginn können Sie die Äpfel waschen und in Stücke schneiden.

2. Nun einen Topf nehmen und die Kokosmilch zusammen mit den Apfelstücken für einige Minuten kochen lassen.

3. Im Anschluss soll die Vanille hinzugefügt und die Hitze etwas reduziert werden.

4. Alles für eine halbe Stunde kochen lassen.

5. Danach den Topf vom Herd nehmen und die Kokosmischung für einige

Minuten abkühlen lassen.

6. Als Nächstes die Mischung mit einem Mixer pürieren und danach die Chiasamen hinzufügen.

7. Zuletzt den entstandenen Pudding in die Puddingförmchen geben und alles für 3-4 Stunden in den Kühlschrank stellen.

KARAMELLCREME AUFSTRICH

Nährwerte: 190 kcal, 20 g Kohlenhydrate, 15 g Fett, 3 g Eiweiß

Zubereitungszeit: 15 Minuten

Zutaten:
70 g Schlagsahne
50 g Zucker

Zubereitung:
Selbstgemacht Aufstriche schmecken besonders gut und punkten mit ihrer unglaublichen Frische!

1. Zu Beginn den Zucker in einem Topf schmelzen lassen und regelmäßig umrühren

2. Nun die Sahne in einem weiteren Topf erhitzen.

3. Zuletzt die warme Sahne zum geschmolzenen Zucker hinzufügen und gut miteinander umrühren.

AUFSTRICH MIT WEIßER SCHOKOLADE

Nährwerte: 190 kcal, 20 g Kohlenhydrate, 15 g Fett, 3 g Eiweiß

Zubereitungszeit: 15 Minuten

Zutaten:

250 g Butter
200 g weiße Schokolade
400 g Milchmädchen
140 g Kokosraspeln

Zubereitung:

Selbstgemacht Aufstriche schmecken besonders gut und punkten mit ihrer unglaublichen Frische!

1. Zu Beginn die Schokolade in grobe Stücke zerkleinern und in einem Topf schmelzen lassen.

2. Danach die Butter hinzugeben und diese ebenfalls schmelzen lassen.

3. Nun den Topf vom Herd nehmen und die Milchmädchenmischung hinzufügen.

4. Zuletzt die Kokosraspeln hinzufügen und alles gut miteinander umrühren, bis eine cremige Konsistenz entsteht.

APFELKUCHEN IM GLAS

Nährwerte: 120 kcal, 14 g Kohlenhydrate, 2 g Fett, 6 g Eiweiß

Zubereitungszeit: 10 Minuten

Zutaten:

100 g Mandeln
100 g Apfelmus (Bio)
150 g Datteln
1 TL Zimt (gemahlen)
1 EL Ahornsirup

Zubereitung:

Dieser Apfelkuchen ist schnell gemacht und erfordert nur minimalen Aufwand!

1. Zu Beginn sollen die Mandeln etwa 5 Minuten im Wasser eingeweicht werden.

2. Die Datteln zusammen mit den Mandeln in einen Mixer geben und gut miteinander pürieren, bis eine gleichmäßige Creme entstanden ist.

3. Dann den Joghurt mit dem Ahornsirup vermischen.

4. Im Folgenden einige Gläser nehmen und zuerst 1 EL Apfelmus in das Glas geben, danach den Dattel-Teig und zum Schluss 1 EL des Joghurts als Topping verwenden.

Herstellung und Verlag:

BoD – Books on Demand, Norderstedt

ISBN: 9783755779117

1. Auflage

Kontakt: Psiana eCom UG/ Berumer Str. 44/ 26844 Jemgum

Covergestaltung: Fenna Larsson

Coverfoto: depositphotos.com